ドラフトから見るプロ野球12球団2025

西尾典文

Norifumi Nishio

TOKYO NEWS BOOKS

はじめに

プロ野球でドラフト会議がスタートしたのは1965年。それ以前の自由競争時代のアマチュア選手獲得は各球団による札束攻勢が繰り広げられており、それによるトラブルも多かったという。有望選手は当然資金力のある球団に集まり、1965年から1973年までの巨人の〝V9〟も、まさにその当時に獲得した選手による部分が大きかった。つまり優勝は金で買える時代だったのだ。戦力均衡化と新人選手獲得におけるコストを抑えるという意味でも、ドラフト制度がもたらした恩恵は大きい。

ただ有望選手を何とか自由に獲得したいと考える勢力はドラフト制度導入後も残っており、1993年からは大学生、社会人に限って2名までは選手が希望する球団に入団することができる逆指名制度がスタート。これによって再び有望選手を巡る獲得競争は激しさを増すことになる。12球団は契約金の上限は1億円、出来高5000万円という紳士協定を結んだが、順守していた球団は少なく、1人の選手を獲得するのに5億円、10億円という金額が必要となるケースも珍しくなかったという。球団がそのお金を支払う対象は選手だけではなく、アマチュアチームの指導者はもちろん、それ以外のブローカー的な立場の人間にも及んだ。広島で40年以上スカウトを務めた苑田聡彦氏も、この当時のアマチュア野球関係者が「誠意は金じゃ」と話していたと語っている。逆指名制度は自由獲得枠、希望入団枠と名称を変えながら2006年まで続くこととなった。また2005年から3年間は高校生と大学生・社会人の指名を別々に行う分離ドラフトという形式がとられており、選手の評価も非常に分かりづらいものとなっていた。

ようやくドラフト会議が本来の姿に戻ったのは2008年からだ。2004年に一場靖弘（当時・明治大）に対する栄養費問題が発覚。2007年には西武が多くの選手、アマチュア関係者に対する裏金を支払っていたことが発覚し、同年から希望入団枠が廃止されることとなったのだ。ちなみにこの年の西武はペナルティとして高校生ドラフト上位2名の指名権を剥奪されている。そして翌2008年からは高校生、大学生、社会人を同じテーブルで指名する形の統一ドラフトとなった。当時を知るスカウト、球団関係者もようやくドラフト会議はあるべき姿になったと考える人が多かったという。

それから15年以上が経過したが、ドラフト会議に対する注目度は年々アップしているように感じる。その理由の一つはドラフト会議自体のショーアップ化ではないだろうか。2009年からはファンの観覧席への招待をスタート（2020年から2022年は新型コロナウイルス感染拡大の影響で無観客で実施）。意外な指名にはどよめきが起こり、1位指名の抽選を引き当てた際には大歓声や拍手が起こることも珍しくない。筆者も

２０１７年からスカイＡの中継で解説を務めているが、会場の熱気は相当なものを感じる。

そしてそれ以上にドラフト会議が盛り上がる要因として大きいのが、候補となるアマチュア選手の情報が以前とは比べ物にならないほど増えていることだろう。以前はアマチュア選手のプレーを多くの人が見ることができたのは高校野球の春、夏の甲子園大会と、東京六大学野球の早慶戦くらいだった。それが近年ではＣＳ放送などで大学野球や社会人野球の試合を中継することも増えており、全日本大学野球選手権、明治神宮大会、都市対抗野球は全試合を見ることができる。さらに高校野球の地方大会、大学野球のリーグ戦、社会人野球の都市対抗予選などもインターネットで配信されることが増え、個人のファンが現地で撮影した映像がＳＮＳを通じてさらに広く拡散されることも多い。ちなみに筆者が２０１８年に当時高校2年生だった佐々木朗希の投球をXで公開した動画は20万回以上再生されている。そのようにして知った選手がどの球団に入るかというのは、プロ野球ファンの楽しみとして完全に確立されたと言えるだろう。

プロ野球のように技術が高くない選手のプレーを見て楽しいのか？　という意見もあるが、アマチュア時代を知っていることで、選手がどのようにレベルアップしていくかを知ることができるというのは非常に興味深いものである。また技術面だけではなく、その選手が持っているストーリーを知ることを楽しみにしているファンも多いはずだ。アマチュア野球やドラフト会議に注目することでプロ野球の楽しみがさらに増すことは間違いない。
本書ではそんなドラフト会議に最大の焦点を当てて、NPB12球団を分析したものである。昨年のドラフト会議で指名されて入団が決まった122人の全選手について、相当な分量で解説しており、一軍の戦力となる目安の時期や将来像などにも触れている。過去5年間のドラフトで獲得した選手については一軍の戦力や二軍での成長ぶりから採点しており、どの球団がドラフト巧者かについても分析した。また各球団の戦力についても投手、野手よりもファームについて文字量を多く割いたが、それもチームの将来においてドラフトと同時に育成が重要だと考えたからだ。実際、ここ数年はファームの施設を充実させて選手の育成に注力している球団が増えている。またコラムでは現役ドラフト、トレード、FAによる補強、ファームに新設された2球団、三軍制の是非、球団を支える選手以外の力などについても解説した。このコラムでも触れたが、FAによる補強は年々難しくなっており、新外国人選手も活躍するケースが少なく、ドラフト戦略はより重要性を増していることは確かだ。それだけに、本書籍がドラフト会議、ひいてはプロ野球をより楽しむ上での助けになれば嬉しい限りである。

西尾典文

CONTENTS

パシフィック・リーグ

Column

巻末特集

セントラル・リーグ

ドラフト指名選手紹介&戦力分析

【2024チーム成績】

		試合	勝	敗	分	勝率	差
1	巨　人	143	77	59	7	.566	—
2	阪　神	143	74	63	6	.540	3.5
3	DeNA	143	71	69	3	.507	8
4	広　島	143	68	70	5	.493	10
5	ヤクルト	143	62	77	4	.446	16.5
6	中　日	143	60	75	8	.444	16.5

【個人タイトル】

最優秀選手　菅野智之（巨人）

最優秀新人　船迫大雅（巨人）

首位打者	オースティン（DeNA）	.316
本塁打王	村上宗隆（ヤクルト）	33本
打点王	村上宗隆（ヤクルト）	86点
最多安打	長岡秀樹（ヤクルト）	163本
最高出塁率	サンタナ（ヤクルト）	.399
盗塁王	近本光司（阪神）	19個

最優秀防御率	髙橋宏斗（中日）	1.38
最高勝率	菅野智之（巨人）	.833
最多勝	菅野智之（巨人）	15勝
最多セーブ	マルティネス（中日）	43S
最優秀中継ぎ	桐敷拓馬（阪神） 松山晋也（中日）	43HP
最多奪三振	戸郷翔征（巨人）	156個

【個人成績・指標説明】

S……セーブ数　H……ホールド数　奪三振率……9イニングあたりの平均奪三振数
与四球率……9イニングあたりの平均四球数　K／BB……奪三振数÷与四球数
WHIP……1イニングあたり何人の出塁を許したかを表す数値
長打率……塁打数÷打数　OPS……出塁率＋長打率

5位・宮原駿介（写真はアマチュア時代、著者提供）

読売ジャイアンツ

YOMIURI GIANTS

2024チーム成績

77勝59敗7分（セ1位）

2024チーム勝率

.566

得点	462点（セ4位）
失点	381点（セ1位）
本塁打	81本（セ3位）
盗塁	59個（セ4位）
打率	.247（セ2位）
防御率	2.49（セ1位）
失策	58個（セ1位）

2024観客総動員 282万5761人（2位）

2024チーム総年俸 44.5億円（2位）

1位

強打が魅力の高校ナンバーワン内野手

石塚裕惺［18］

―内野手―花咲徳栄高―

佐倉リトルシニア時代から評判のショートで、花咲徳栄でも1年秋からレギュラーに定着。特に大きく評価を上げたのが3年春に招集されたU18侍ジャパン候補合宿だった。国際大会に合わせて木製バットを使用して練習が行われたが、フリー打撃では軽々と柵越えを連発して見せたのだ。その打球の速さと飛距離は大学日本代表の中軸打者と比べても全く遜色のないものだった。実際に昨年8月に行われたU18侍ジャパンの壮行試合では篠木健太郎（法政大→DeNA2位）の150キロに迫るストレートを木製バットで完璧に弾き返して長打にしている。少しフォロースルーの動きが小さいのは気になるものの、長打力と確実性を兼ね備えたバッティングは間違いなく高校ナンバーワンと言えるだろう。昨年夏の甲子園でチームは初戦で敗れたが、第一打席では痛烈なレフト前ヒットを放ち、その後すかさず盗塁を決めるなど打撃に加えて走塁でもアピールした。脚力があるのはもちろんだが、判断良く次の塁を狙う姿勢も見事だ。

ショートの守備も短い距離のスローイングは少し不安が残るものの、フットワークの良さと地肩の強さは申し分なく、見る度にレベルアップしている印象を受ける。プレーに丁寧さがあるのも長所だ。プロでショートとして勝負できるかはまだ不透明な印象を受けるが、基本的な能力の高さがあるだけに、他のポジションにも対応できる可能性は高い。

将来的に期待したいのはクリーンアップを打てるような選手になることだ。完全なスラッガータイプというわけではないが、打球を飛ばすコツを知っており、パワーも申し分ないだけに東京ドームが本拠地の巨人であればかなりのホームラン数を打てるようになる可能性は高い。近年巨人が獲得した高校生の野手では、浅野翔吾よりも打者としてのスケールの大きさが感じられる。しっかり鍛えられた体格で体の強さもあるだけに、一年目から二軍で積極的に起用して、多くの経験を積ませることが重要だろう。

将来のスター候補として、“坂本勇人2世”の呼び声もある石塚。（写真：著者提供）

2位

俊足巧打が光るショートストップ

浦田俊輔［22］

—内野手—九州産業大—

長崎海星では2年夏に甲子園出場。当時から軽快な守備は光るものがあり、九州産業大でも順調な成長を遂げた。最大の持ち味はプレーのスピードで、前後左右どちらの守備範囲も広い。積極的に初球からスタートを切れる思い切りの良さも魅力で、3年秋からは3季連続で盗塁王にも輝いた。そして最終学年で大きくレベルアップしたのが打撃だ。ミートするだけでなく、しっかり全身を使って振り切れるようになり、140キロ台後半のストレートにも力負けしなくなった。4年春に出場した大学選手権でも初戦で3安打の活躍を見せ、4年秋には首位打者にも輝いている。

課題はスローイングと体力面だ。大学選手権でも初戦で脚を痛めて2回戦からは代打での出場のみとなり、大学日本代表選考合宿も辞退している。その影響もあってか秋は少しスピードをセーブしているように見えた。また長い距離の送球は少し安定感を欠く印象だ。まずはスピードでアピールして一軍定着を目指したい。

DRAFT 2024

3位

荒巻 悠［22］

地方リーグを代表する左の強打者

―内野手―上武大―

高校時代から福岡では評判の強打者で、選手層の厚い上武大でも1年春からリーグ戦に出場。下級生の頃はなかなか成績が安定しなかったが、3年春に4割を超える打率を残して一塁手のベストナインに輝くと、3年秋の横浜市長杯では1試合2本塁打を放って一気に評価を上げた。堂々とした体格で大きく構え、いかにも長打が出そうな雰囲気がある。力任せではなく、軽く振っているようでもヘッドが走り、芯でとらえた時の飛距離は大学球界でもトップクラスだ。一方で緩急や縦の変化への対応には課題が残り、5度出場した全国大会では目立った成績を残すことはできなかった。またセカンドやサードも経験したが、守備面はハンドリング、スローイングともに不安な印象は否めない。

正直3位という順位は想定よりも高い印象だったが、同学年で同じ左打者である秋広優人に刺激を与えるという意味もあったのではないだろうか。タイプ的にも秋広はライバルとなる存在だけに、まずは二軍で打撃をアピールしながら守備力アップを図りたい。

4位

石田充冴［18］

夏の大会後に成長を見せた大型右腕

―投手―北星学園大付高―

北海道で注目を集めていた大型右腕。下級生の頃は外野手と投手を兼任だったが、2年秋にエースとなると、チームを14年ぶりとなる全道大会出場に導いた。実際にピッチングを見られたのは3年夏の地区予選だ。この時は左足首を痛めていた影響でベンチスタートとなり、リリーフで登板したもののスピードは140キロ程度にとどまり、チームも敗れている。正直この段階では、あっても育成での指名という印象だった。むしろ評価を上げたのは高校野球を引退した後だ。昨年初めて行われた「リーガ・サマーキャンプ」という引退した高校3年生を対象とした交流試合で最速147キロをマーク。その後も各球団のスカウトは練習の視察に多く訪れていたという。長所は190cmを超える長身でバランス良く腕が振れるという点だ。フォームの流れもスムーズで引っかかるようなところがなく、ボールの角度も申し分ない。巨人が高校生投手を支配下で獲得するのは3年ぶりなだけに、将来のエース候補としてかかる期待は大きい。

DRAFT 2024

5位

奪三振率の高さが光るサウスポー

宮原駿介［22］

―投手―東海大静岡キャンパス―

静岡学園時代は県内でも無名の存在で、3年夏の静岡県独自大会も登板なく初戦で敗れている。大学でも主戦となったのは3年秋という遅咲きだが、そこから右肩上がりに力をつけて支配下指名を勝ち取った。大きく評価を上げたのが4年春の大学日本代表候補合宿でのピッチングだ。ストレートはコンスタントに145キロを超え、大学トップレベルの打者を相手に2回を2奪三振、無失点と好投。またリーグ戦でも3年秋から4年春にかけて先発した試合は10試合連続で二桁奪三振も記録した。上背はないがたくましい体格で、ストレートは150キロ以上を計測することも珍しくない。またしっかり腕を振ってカットボール、チェンジアップなど変化球を操ることができるのも三振を奪える要因となっている。下級生の頃は課題だったコントロールも、最終学年ではかなり安定してきた印象を受けた。5位という順位での指名となったが、スタミナも十分あるだけにリリーフであれば早くから一軍の戦力となる可能性もありそうだ。

育成

育成1位
坂本達也
捕手／富士大

育成2位
堀江正太郎
投手／文星芸大付高

育成3位
鈴木圭晋
投手／横浜創学館高

育成4位
吹田志道
投手／弘前学院聖愛高

育成5位
西川 歩
投手／山村学園高

育成6位
竹下徠空
内野手／明徳義塾高

6人中5人が高校生。特に投手に将来性の高い好素材が揃う

育成ドラフトでは6人を指名。過去4年に比べると少ない人数にとどまったが、そのうち5人が高校生と将来性に振り切った指名となった。

育成1位の坂本は唯一の大学生で、守備に定評のあるキャッチャーだ。体は大きくないものの素早く正確な送球が光る。打撃には課題が残るが、下級生の頃から正捕手として試合に出場し続けた経験も豊富だ。守備面でアピールして早期の支配下登録を目指したい。

育成2位の堀江は下級生の頃から評判になっていた大型右腕。ストレートは140キロ台前半が多いがコーナーに投げ分ける制球力があり、決め球のフォークもブレーキは申し分ない。完成度の高さは昨年巨人が指名した高校生投手の中ではトップという印象で、長

身に見合う出力の高さがついてくれば早めの支配下登録も期待できそうだ。

育成3位の鈴木も神奈川では評判となっていた右腕。3年夏は全てリリーフでの登板だったが、3試合11回を投げて無失点と好投を見せた。柔らかい腕の振りが持ち味で、体ができればまだまだ速くなりそうな雰囲気がある。本人も将来的にはクローザーを目指していると明言しており、球威に加えて絶対的な勝負球を身につけたいところだ。

育成4位の吹田はスケールの大きさが魅力の右腕。3年の春には県大会で青森山田、東北大会で仙台育成と相次いで強豪を破る原動力となった。まだ体は細く、スピードも140キロ程度だが、190cm近い長身でもフォームにギクシャクしたところがなく、スムーズに腕が振れるのが持ち味だ。ライバルは多いが、長身に見合うだけの筋力がついてくれば驚くようなボールを投げるようになることも期待できるだろう。

育成5位の西川は実戦力の高さが光るサウスポー。上背はないが好調時のストレートは145キロを超える。変化球とコントロールも高校生では上位で、ここまで残っていたのが不思議なレベルの投手だ。

育成6位の竹下は強豪の明徳義塾で下級生の頃から中軸を任せられていたパワーヒッター。たくましい体格でスムーズに強く引っ張ることができる打撃が持ち味だ。打撃以外は目立たないが、貴重な大砲候補として大きく育ててもらいたい素材である。

過去ドラフト
通信簿

75点

▶2022

1位 浅野翔吾
（外野手／高松商業高）

2位 萩尾匡也
（外野手／慶應義塾大）

3位 田中千晴
（投手／國學院大）

4位 門脇 誠
（内野手／創価大）

5位 船迫大雅
（投手／西濃運輸）

▶2023

1位 西舘勇陽
（投手／中央大）

2位 森田駿哉
（投手／Honda鈴鹿）

3位 佐々木俊輔
（外野手／日立製作所）

4位 泉口友汰
（内野手／NTT西日本）

5位 又木鉄平
（投手／日本生命）

上位、下位両方で成功目立つ

目玉の選手に向かいながら抽選を外すということが多かったが、外れ1位の中から大勢が抑えに定着し、堀田賢慎と平内龍太もある程度の戦力となっている。また他の投手では井上温大、山崎伊織、赤星優志、船迫大雅、西舘勇陽も成功とカウントできる。上位だけでなく下位で指名した選手がしっかり伸びていることが、昨年の投手成績の向上につながっていると言えるだろう。一方の野手は投手ほど成功選手は多くないが、門脇誠が1年目からレギュラーとなり、中山礼都、秋広優人、浅野翔吾、萩尾匡也も今後が楽しみな存在だ。以前のようにFAで他球団から主力選手を補強するのが難しくなっている中で、チームを立て直せたのは、ドラフトによるプラスが大きいことは間

▶2019

1位 堀田賢慎（投手／青森山田高）
2位 太田 龍（投手／JR東日本）
3位 菊田拡和（外野手／常総学院高）
4位 井上温大（投手／前橋商業高）
5位 山瀬慎之助（捕手／星稜高）
6位 伊藤海斗（外野手／酒田南高）

▶2020

1位 平内龍太（投手／亜細亜大）
2位 山﨑伊織（投手／東海大）
3位 中山礼都（内野手／中京大附属中京高）
4位 伊藤優輔（投手／三菱パワー）
5位 秋広優人（内野手／二松学舎大附属高）
6位 山本一輝（投手／中京大）
7位 萩原 哲（捕手／創価大）

▶2021

1位 翁田大勢（投手／関西国際大）
2位 山田龍聖（投手／JR東日本）
3位 赤星優志（投手／日本大）
4位 石田隼都（投手／東海大付属相模高）
5位 岡田悠希（外野手／法政大）
6位 代木大和（投手／明徳義塾高）
7位 花田侑樹（投手／広島新庄高）

違いない。

今後の課題となるのは投手は戸郷翔征、野手は岡本和真に次ぐ太い柱となれる存在を獲得することだ。ともに２０２３年のＷＢＣで活躍したこともあって、近い将来メジャーへの移籍も十分に考えられる。昨年のドラフトでは１位で石塚裕惺を指名しているものの、まだまだ十分とは言えない。下位や育成指名だけでカバーできる可能性は低いと思われるだけに、２０２３年のような極端な即戦力狙いは避けるべきだろう。

もう一つ気になるのがここ数年のポジションの重なりだ。門脇が結果を残したにもかかわらず泉口友汰、浦田俊輔と同じタイプのショートを２年連続で獲得している。またＦＡや現役ドラフトで獲得した選手ともポジションが重なる選手を獲得しているケースも目立つ。ＦＡなどを担当する編成部とアマチュアのスカウト部との連携を強める必要がありそうだ。

▼2025年 読売ジャイアンツ 年齢構成早見表

※2025年2月1日現在。
年齢は2025年の誕生日時。

年齢	投手		捕手		内野手		外野手	
	右投げ	左投げ	右打ち	左打ち	右打ち	左打ち	右打ち	左打ち
40							長野久義	
39								
38								
37	田中将大				坂本勇人			
36			小林誠司					丸 佳浩
35								
34	近藤大亮							
33		高梨雄平	甲斐拓也					
32	ケラー	バルドナード		大城卓三	増田大輝			重信慎之介
31		今村信貴 中川皓太					ヘルナンデス	
30	高橋 礼 馬場皐輔	グリフィン				吉川尚輝		
29	船迫大雅 マルティネス		岸田行倫		岡本和真			
28	泉 圭輔	森田駿哉					オコエ瑠偉	キャベッジ
27	山﨑伊織 平内龍太	石川達也	郡 拓也 喜多隆介				若林楽人	
26	大勢 赤星優志 田中瑛斗	又木鉄平 大江竜聖				泉口友汰		佐々木俊輔
25	戸郷翔征 田中千晴	横川 凱			湯浅 大 増田 陸		萩尾匡也	岡田悠希
24	堀田賢慎	井上温大	山瀬慎之助			門脇 誠		
23	西舘勇陽	宮原駿介				浦田俊輔 中山礼都 秋広優人 荒巻 悠		
22								
21	京本 眞						浅野翔吾	
20								
19	石田充冴				石塚裕惺			

近年のドラフトで力のある投手を獲得できたこともあって、投手陣についてはある程度世代交代が進んだ印象を受ける。主力でベテランとなっているのは中継ぎの高梨雄平くらいで、それ以外は20代後半に集まっている。ただ若手は育成選手が多いだけに、そろそろ高校卒の大物を狙いたいところだ。一方の野手は長年の懸案だった坂本勇人の後釜に門脇誠がおさまりつつあるのはプラスだが、投手に比べると中堅年代の層が薄い印象は否めない。浅野翔吾、秋広優人、ドラフト１位の石塚裕惺などを万全なレギュラーに育てることが求められる。

投手

マルティネスの加入で配置転換も検討か

ここ数年は投手陣が大きな課題となっていたが、昨年は菅野智之の復活と若手の成長もあってセ・リーグトップのチーム防御率をマークした。今年は菅野がメジャーに移籍して退団したものの、戸郷翔征、山﨑伊織に加えて井上温大も大きく成長しており、他にも楽しみな若手は多い。球団内の競争が活発化することでプラスの面も大きいはずだ。

そしてそれ以上に大きいのが昨年まで中日の抑えとして活躍していたマルティネスの加入だ。現役のクローザーでは最強と言える存在であり、今年で29歳という年齢を考えると当面抑えに苦労することはなさそうだ。バルドナード、ケラーも残留し、リリーフは外国人投手への依存度が高くなるのは少し気になるものの、12球団でも屈指のブルペン陣であることは間違いないだろう。

そうなってくると検討したいのが配置転換だ。大勢をセットアッパーに回すとなると、勝ちパターンの中継ぎ投手に一人余裕が出てくることになる。西舘勇陽、船迫大雅、泉圭輔など先発として試したい選手は少なくないだけに、キャンプ、オープン戦からぜひ適正をチェックしてもらいたい。

野手

浅野、萩尾、秋広がキーマン

年齢構成表でも触れたように、投手に比べるとベテランへの依存度が高く、気になるポジションは少なくない。昨年もチーム打率はリーグ2位だったものの、ホームラン数は3位、得点数は4位と以前のように長打で圧倒する印象は確実に薄れている。大きな課題となっているのが岡本和真と並ぶ得点源の確立だ。昨年もチーム2位の打点をマークしたのは本来はチャンスメーカーの吉川尚輝だった。坂本勇人、丸佳浩が完全にベテランとなっており、さらに成績を落とす可能性は高い。新たな中軸候補として期待したいのが浅野翔吾、萩尾匡也、秋広優人の3人だ。彼らが1年を通じて一軍である程度の成績を残すことができれば、岡本がメジャー移籍となっても、ある程度打線の形は見えてくるだろう。

あと全体的に気になるのが戦力の〝だぶつき〟だ。二遊間は吉川、門脇誠がレギュラーだが、泉口友汰、中山礼都も控えており、ルーキーの浦田俊輔も加わった。捕手もFAで甲斐拓也を獲得したが大城卓三、岸田行倫がいるだけにそこまでの必要性があったかは疑問だ。また外野手も浅野、萩尾以外にも25歳前後の選手が多い。過去のドラフトでも触れたが、今後はもう少しバランス良く選手を編成することを意識したい。

▼読売ジャイアンツ 2024年個人投手成績

選手名	勝利	敗戦	S	H	防御率	奪三振率	与四球率	K／BB	WHIP
菅野智之	15	3	0	0	1.67	6.38	0.92	6.94	0.94
戸郷翔征	12	8	0	0	1.95	7.80	2.20	3.55	0.96
山﨑伊織	10	6	0	0	2.81	6.29	2.57	2.45	1.24
グリフィン	6	4	0	0	3.01	9.72	1.77	5.48	1.05
井上温大	8	5	0	2	2.76	8.82	2.41	3.67	1.13
赤星優志	1	7	0	1	3.12	5.16	1.20	4.30	1.01
バルドナード	2	3	9	26	2.44	10.97	4.88	2.25	1.32
堀田賢慎	3	3	0	0	2.45	5.26	2.28	2.31	1.09
ケラー	2	2	1	20	1.53	10.34	3.64	2.84	0.91
高橋 礼	2	2	0	0	3.66	4.24	4.05	1.05	1.35
大勢	1	2	29	5	0.88	11.85	1.76	6.75	0.88
船迫大雅	4	0	0	22	2.37	5.45	1.89	2.88	0.95
泉 圭輔	2	0	1	5	1.93	7.23	2.65	2.73	1.04
高梨雄平	4	3	0	25	2.04	7.39	3.82	1.93	1.16
平内龍太	1	2	0	2	2.16	5.94	1.62	3.67	1.23
西舘勇陽	1	3	1	20	3.82	7.34	4.11	1.79	1.17

▼読売ジャイアンツ 2024年個人打撃成績

選手名	打率	本塁打	打点	得点圏	出塁率	長打率	OPS	得点	盗塁	失策
岡本和真	.280	27	83	.286	.362	.501	.863	70	1	6
吉川尚輝	.287	5	46	.274	.341	.377	.718	65	12	5
丸 佳浩	.278	14	45	.226	.360	.396	.756	51	8	0
坂本勇人	.238	7	34	.212	.286	.327	.613	34	1	6
門脇 誠	.243	0	21	.247	.319	.274	.593	29	9	16
大城卓三	.254	3	27	.197	.330	.346	.677	19	0	2
岸田行倫	.242	4	26	.203	.287	.331	.618	22	2	3
ヘルナンデス	.294	8	30	.352	.346	.452	.798	34	0	0
泉口友汰	.201	1	9	.267	.280	.268	.549	10	1	3
萩尾匡也	.215	2	12	.211	.272	.336	.607	13	0	1
モンテス	.272	1	14	.281	.308	.391	.699	14	1	0
浅野翔吾	.240	3	18	.295	.282	.404	.686	18	1	3
オコエ瑠偉	.261	3	13	.323	.309	.391	.700	16	4	1
佐々木俊輔	.231	0	6	.261	.275	.280	.554	13	2	0
小林誠司	.152	1	8	.132	.233	.210	.442	4	1	1
立岡宗一郎	.214	0	8	.304	.305	.214	.520	12	3	0

ファーム

一軍の戦力化は少数も育成方針は正解か

以前はＦＡで多く選手を獲得したこともあって、二軍でも実績のある選手が多く名を連ねていたが、ここ数年は育成に力を入れるようになったこともあって、ファームも健全化が進んでいる印象を受ける。昨年も投手では又木鉄平、横川凱、松井颯、田中千晴など近年入団した若手が多く登板して経験を積んだ。ただ成績を見るとそこまで圧倒的な数字は残しておらず、畠世周、今村信貴など停滞している選手も少なくない。高校卒の選手は横川だけで、本当の意味で若手と言える選手が少ないのも気になるところだ。京本眞が成長を見せたのはプラスだが、育成選手からの底上げも少し物足りない印象だ。

一方の野手も浅野翔吾、萩尾匡也が成績を伸ばして一軍に定着しつつあるのは大きいが、昨シーズン二軍で日本人でトップの打席数を記録したのは秋広優人で、本来であれば一軍に定着していなければいけない選手である。また二軍でのチーム本塁打数を見るとトップはティマ、2位はウレーニャ（昨シーズン限りで退団）と外国人選手が並んでおり、若手で大砲候補として期待できそうな選手は少ない。また大量に育成ドラフトで選手を獲得しているものの、その中から二軍である程度戦力となっているのは中田歩夢と喜多隆介くら

▼2024年ファーム個人投手成績

選手名	勝利	敗戦	S	H	防御率	奪三振率	与四球率	K／BB	WHIP
メンデス	6	5	0	0	3.94	7.80	3.26	2.39	1.35
又木鉄平	5	3	0	0	2.07	7.24	2.28	3.18	1.13
横川 凱	6	6	0	0	3.75	6.64	2.46	2.70	1.39
松井 颯	2	5	0	0	3.90	6.72	4.03	1.67	1.37
高橋 礼	2	3	0	0	2.92	5.29	2.37	2.24	1.47
田中千晴	5	3	0	0	3.61	9.46	5.50	1.72	1.59

▼2024年ファーム個人打撃成績

選手名	打率	本塁打	打点	得点圏	出塁率	長打率	OPS	得点	盗塁	失策
ティマ	.251	15	53	-	.292	.425	.717	43	0	12
秋広優人	.274	2	28	-	.358	.366	.724	36	2	4
増田 陸	.225	5	33	-	.275	.308	.583	24	3	4
岡田悠希	.220	6	31	-	.339	.337	.676	32	10	2
浅野翔吾	.255	8	34	-	.321	.406	.727	33	2	3
ウレーニャ	.256	9	34	-	.309	.415	.723	29	0	4

いしか見当たらず、中田は今シーズンから再び育成登録となっている。三軍も独立リーグやアマチュアチームと交流戦を行い、若手に実戦の機会を多く与えていることは確かだが、まだまだ成果はそこまで出ていないというのが現状だろう。

ただＦＡでそこまで一流の選手を獲得することが難しくなっており、外国人選手も苦戦が目立つことを考えると、現在の方針は決して間違っていないように感じられる。今年3月には新たなファーム施設も開場予定であり、選手を育成するために重要なハード面の充実に投資しているのも好感が持てる。すぐに成果が出なくても即戦力やＦＡに頼り過ぎるのではなく、長い目で見て今後も若手の育成に注力してもらいたい。

戦力チャート

リリーフ陣はマルティネスの加入で盤石の布陣
打線は岡本への負担をいかに減らせるかがカギとなる

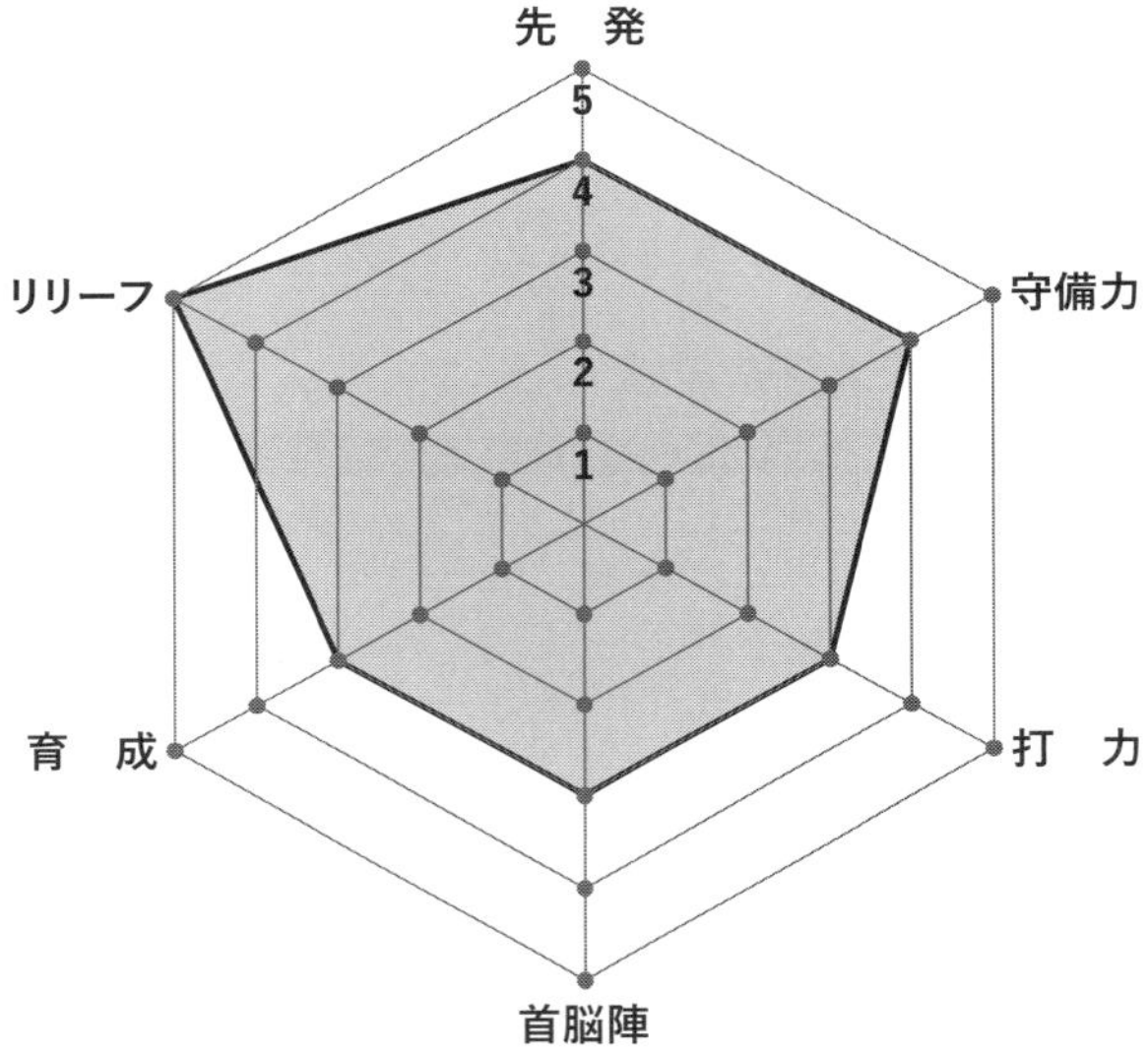

投手陣はマルティネスの加入でリリーフ陣の層はさらに厚くなった。また先発も若手の成長が見られ、実績は申し分ない田中将大が加わったこともあって、菅野智之が抜けた穴もある程度埋められる可能性は高いだろう。逆に気になるのが野手と育成面だ。守備は吉川尚輝、門脇誠の二遊間が安定しているが、打線は岡本和真への負担が高くなっている。外国人選手も補強しているが、枠の問題もあるだけにセ・リーグ連覇のためには若手野手の更なる底上げが必要になってくるだろう。

｜首脳陣分析｜　ファーム充実と世代交代が今後のカギ

長く監督を務めた原辰徳が退任し、昨年から阿部慎之助監督が就任したが1年目で見事にリーグ優勝を達成した。序盤に比べて夏場以降は柔軟に選手起用しているように見え、指揮官としても成長を感じるシーズンだった。課題となるのが若手の底上げだ。昨年は期待された秋広優人が完全に停滞し、ベテラン頼みの部分は多い。今年は勝ちながら育てることが求められるだろう。

2位・今朝丸裕喜(写真はアマチュア時代、著者提供)

阪神タイガース

HANSHIN TIGERS

2024チーム成績

74勝63敗6分(セ2位)

2024チーム勝率

.540

得点	485点(セ3位)	失点	420点(セ3位)		
本塁打	67本(セ5位)	盗塁	41個(セ5位)		
打率	.242(セ5位)	防御率	2.50(セ2位)	失策	85個(セ5位)

2024観客総動員 300万9693人(1位)

2024チーム総年俸 37.8億円(5位)

1位

社会人で大きく成長したサウスポー

伊原陵人［24］

―投手―NTT西日本―

智弁学園では2年秋から主戦となり、エースとして3年春の選抜高校野球に出場。当時から上背はないもののシャープな腕の振りと強気な投球は目立つものがあった。大阪商業大でも2年秋から投手陣の中心となると、4年間で通算15勝1敗と見事な成績を残して数々のタイトルを獲得。ただスピードは140キロ程度が多く、170㎝という上背のなさもあってドラフト指名はなく、社会人へと進んでいる。スカウト陣の評価を大きく上げたのは社会人2年目の昨年からだ。上半身も下半身も大学時代と比べて確実に大きくなり、スピードもコンスタントに145キロ以上をマーク。都市対抗予選、本選でフル回転の活躍を見せ、金丸夢斗（関西大↓中日）の外れながら1位指名を受けた。

上背のなさから技巧派をイメージするかもしれないが、最大の魅力はその勢いのあるストレートだ。都市対抗本選の中継ではボールの回転数も表示されていたが、ストレートは

2600回転を超えることもあり、これはプロでもなかなか見ない数字である。打者の手元で浮き上がるような勢いがあり、昨年の公式戦ではイニング数を上回る奪三振も記録した。高校、大学時代はどちらかというと変化球とコントロールが目立つタイプで、その持ち味も失っていないというのもプラス要因である。カーブは110キロ台と100キロ程度のボールを投げ分けて緩急を使え、カットボール、チェンジアップの小さく変化するボールのレベルも高い。高校、大学、社会人と常に全国大会の大舞台を経験してきているというのも、注目度の高い阪神向きの選手と言える。

気になるのは起用法だ。真上から投げるフォームで、変化球の球筋からも左打者がそこまで嫌らしさを感じるタイプではない。そのため力をより発揮できるのは先発のように見える。もちろんプロ入り後にフォームなどが変わる可能性もあるが、本人の現在の良さを生かすのであれば、まずは先発としてテストしてもらいたい。

力強い直球、経験豊富なマウンド捌きで即戦力となるか。(写真:著者提供)

2位

甲子園、U18でも活躍の大型右腕

今朝丸裕喜［18］

—投手—報徳学園高—

2年連続で選抜高校野球準優勝の立役者となった大型右腕。下級生の頃はスピードも140キロ程度で長身以外はそれほど目立たなかったが、2年秋から3年春にかけて大きく成長を遂げて高校ナンバーワンと言われるまでになった。最大の魅力は190cm近い長身でもフォームのバランスが良く、安定して速いボールをコーナーに投げ分けることができるという点だ。特に3年春以降は公式戦で大きく崩れた試合は一度もなく、その安定感は高校生離れしたものがある。それでいながら体つきは細く、ここからまだまだ成長しそうな高い将来性を感じられるのも大きな魅力だ。

昨年の高校生の中では総合力ではトップと言える存在で、2位まで残っていたのは阪神にとって大きな幸運である。チームの投手陣は強力だが、高校卒の若手は少し手薄な印象だけに、そういう意味でもかかる期待は大きい。しっかりフィジカル面を強化してスケールアップを果たせば、球界を代表する投手になる可能性もありそうだ。

DRAFT 2024

3位

スピードは社会人屈指の本格派右腕

木下里都［24］

―投手―KMGホールディングス―

福岡舞鶴高校時代はショートとしてプレーしており、全国的には全く無名の存在だった。福岡大進学後に強肩を生かして投手に転向。4年春に出場した大学選手権では先発を任せられて140キロ台後半のスピードをマークするなど注目を集めたが、安定感と実績には乏しく指名漏れとなり社会人へと進んだ。社会人2年目の昨年はエースとなり、都市対抗本選では初戦で敗れたものの、最速156キロをマーク。これは昨年の大会で登板した投手の中でもトップの数字である。全身を大きく使った躍動感あふれるフォームと鋭い腕の振りが魅力で、ストレートの勢いはプロの一軍でも上位と言えるだろう。

一方で課題となるのは細かいコントロールと変化球だ。ストライクをとるのに苦労するようなことはないが、制球はアバウトで絶対的な決め球となる変化球もない。ストレートが走らない時の投球には不安が残る印象だ。1年目は二軍で経験を積んでストレート以外を伸ばし、2年目からの一軍定着を目指したい。

4位

独立リーグを代表する強肩捕手

町田隼乙［21］

―捕手―埼玉武蔵ヒートベアーズ―

光明相模原時代から神奈川県内では評判となっていたキャッチャー。卒業後は独立リーグに進んでNPBを目指したが、昨年は高校と独立リーグでチームメイトだった金子功児（西武）が先に指名を受けるという悔しさを味わった。それをバネに独立リーグ3年目の昨年は課題だった打撃も大きく成長し、3割を超える打率をマークするなど成績を伸ばし、支配下での指名を勝ち取った。

捕手らしいたくましい体格で速くて正確なスローイングが最大の持ち味。まだハンドリングなどは課題が残るものの、フットワークも年々レベルアップしている。高校を卒業して独立リーグで3年間正捕手として試合に出続けた体の強さと、経験の豊富さもプラス要因だ。今年で22歳と年齢的にもまだまだ若く、ここからさらなる成長も期待できる。チームは次の正捕手候補は不透明な状況だけに、まずはその高い守備力をアピールして二軍で出場機会を増やし、一軍定着に向けての足掛かりをつかみたい。

DRAFT 2024

5位

堅実な守備とパンチ力が魅力のショート

佐野大陽［22］

—内野手—富山GRNサンダーバーズ—

常葉大橘ではピッチャー、ショート、サード、キャッチャーとあらゆるポジションでプレー。中部大では3年春からショートのレギュラーとなると、4年春には4本塁打と4割を超える打率を残す大活躍でチームの優勝にも大きく貢献した。ただ全国の舞台では2試合続けてノーヒットに終わり、正直強い印象は残っていない。プロからの評価を上げたのは日本海リーグの富山に進んでからだ。1年目から不動のレギュラーとなると、打率3割3分6厘、出塁率4割6分4厘という見事な成績を残して最高出塁率のタイトルを獲得。阪神二軍とのプロアマ交流戦でも活躍し、見事に支配下指名を勝ち取った。

昨年のホームランは0本と派手さはないものの、パンチ力は大学時代から目立っており、しぶとい打撃が持ち味。守備も堅実でショート以外のポジションを守った経験があるのもプラスだ。チームはショートのレギュラーの木浪聖也が成績を落としているだけに、1年目から持ち味をアピールできれば一軍定着の可能性もありそうだ。

DRAFT 2024

育成

育成1位
工藤泰成
投手／徳島インディゴソックス

育成2位
嶋村麟士朗
捕手／高知ファイティングドッグス

育成3位
早川太貴
投手／くふうハヤテ

育成4位
川﨑俊哲
内野手／石川ミリオンスターズ

独立と二軍球団から4人を指名。早くに支配下狙える選手も

高校生を育成ドラフトでは指名しないという方針を前々から表明しており、昨年も独立リーグから3人、NPBに新規参入したファーム球団から1人の合計4人の指名となった。年齢的なことを考えても早くから勝負となる選手が多い印象だが、中でも1年目から一軍の戦力となる可能性が最も高そうなのが育成1位の工藤だ。東京国際大時代も注目される存在だったが、安定感を欠いて指名はなく徳島に入団。シーズン当初は打ち込まれる試合も目立ったが、夏場以降はしっかり試合を作れるようになった。コンスタントに150キロを超えるストレートと鋭く変化するカットボールはプロでも十分通用する可能性は高い。一方で緩急を使った攻めや、コントロールにはまだ課題が残る。それでも

ボールの力は申し分なく、独立リーグでの1年での成長も著しいだけに、キャンプからアピールして早期の支配下登録を狙いたい。

育成2位の嶋村は打撃が魅力の捕手。高知商から福井工大に進むも1年で退学して独立リーグに進み、2年でNPB入りを果たした。昨年はリーグ3位の打率3割5分をマークし、指名打者としてベストナインを受賞。守備はまだまだプロのレベルでは苦労しそうな印象を受けるが、1年目よりも捕手として出場する機会が大幅に増えたのはプラスだ。支配下4位の町田と比べても打撃は上回っているように見え、タイプも異なっているだけに、まずは打撃でアピールしながら守備力向上を目指したい。

育成3位の早川は大学卒業後に市役所に勤務しながらクラブチームでプレーし、そこからファーム球団へ進んだ異色の経歴を持つ。少し肘を下げた腕の振りで、高めのボールは浮き上がるような勢いがあり、鋭く落ちるスプリットも持ち味だ。シーズン終盤に成績を上げてきた点も評価できる。今年で26歳だけに、早くから二軍でアピールして支配下昇格を目指したい。

育成4位の川崎は高校から独立リーグに進み、5年目にして念願のドラフト指名を受けた。持ち味はスピードとしぶとい打撃で、昨年は4割を超える出塁率を記録した。5位指名の佐野は学年も同じだけに、まずは身近なライバルとなりそうだ。

▶2022

1位 森下翔太
（外野手／中央大）

2位 門別啓人
（投手／東海大付属札幌高）

3位 井坪陽生
（外野手／関東第一高）

4位 茨木秀俊
（投手／帝京長岡高）

5位 戸井零士
（内野手／天理高）

6位 富田蓮
（投手／三菱自動車岡崎）

▶2023

1位 下村海翔
（投手／青山学院大）

2位 椎葉 剛
（投手／徳島インディゴソックス）

3位 山田脩也
（内野手／仙台育英学園高）

4位 百﨑蒼生
（内野手／東海大付属熊本星翔高）

5位 石黒佑弥
（投手／JR西日本）

6位 津田淳哉
（投手／大阪経済大）

過去ドラフト
通信簿

90点

2020年は歴史に残る指名

昨年には実に38年ぶりとなる日本一に輝いたが、その大きな要因の一つはドラフトでの成功である。特に見事だったのが2020年だ。佐藤輝明、伊藤将司、中野拓夢の3人が1年目から主力となり、村上頌樹、石井大智もチームに欠かせない存在となっている。その後も桐敷拓馬、森下翔太、富田蓮など早くから戦力となっている選手は多い。大学生や社会人の見極めについては12球団でも屈指であると言えるだろう。

一方で高校卒の選手で戦力となっているケースが少ないのは気になるが、その年だけでなく、複数年にわたる指名で上手くバランスをとっているのも見事だ。大成功となった2020年に大学生、社会人中心の指

▶2019

1位 西 純矢
（投手／創志学園高）

2位 井上広大
（外野手／履正社高）

3位 及川雅貴
（投手／横浜高）

4位 遠藤 成
（内野手／東海大学付属相模高）

5位 藤田健斗
（捕手／中京学院大附属中京高）

6位 小川一平
（投手／東海大九州キャンパス）

▶2020

1位 佐藤輝明
（内野手／近畿大）

2位 伊藤将司
（投手／JR東日本）

3位 佐藤 蓮
（投手／上武大）

4位 榮枝裕貴
（捕手／立命館大）

5位 村上頌樹
（投手／東洋大）

6位 中野拓夢
（内野手／三菱自動車岡崎）

7位 髙寺望夢
（内野手／上田西高）

8位 石井大智
（投手／高知ファイティングドッグス）

▶2021

1位 森木大智
（投手／高知高）

2位 鈴木勇斗
（投手／創価大）

3位 桐敷拓馬
（投手／新潟医療福祉大）

4位 前川右京
（外野手／智辯学園高）

5位 岡留英貴
（投手／亜細亜大）

6位 豊田 寛
（外野手／日立製作所）

7位 中川勇斗
（捕手／京都国際高）

名ができたのも前年に多くの高校生を指名したからであり、2019年に上位で指名した西純矢、井上広大、及川雅貴は完全な主力ではないものの、まだ成長の可能性を十分に感じさせている。それ以外にも前川右京、門別啓人、井坪陽生、山田脩也などは今後が楽しみな選手であり、ここに昨年のドラフトで2位指名した今朝丸裕喜も加わることになった。即戦力を確保しながら将来性にもしっかり目が行き届いている印象だ。かつて2003年、2005年にリーグ優勝を果たした時はFAなどで他球団の主力を多く獲得した影響が大きかったが、現在の主力は大半が生え抜きで、チーム作り的にも健全な印象を受ける。育成ドラフトでは高校生を指名しないという独自の方針にも、球団としての信念が感じられる。現在の戦力、将来の主力候補の両面で充実しており、12球団でもトップの90点という高い評価とした。

▼2025年 阪神タイガース 年齢構成早見表

※2025年2月1日現在。
年齢は2025年の誕生日時。

年齢	投手		捕手		内野手		外野手	
	右投げ	左投げ	右打ち	左打ち	右打ち	左打ち	右打ち	左打ち
35	西 勇輝							
34			梅野隆太郎					
33					原口文仁	糸原健斗		
32		岩崎 優 岩貞祐太 島本浩也	坂本誠志郎					
31	デュプランティエ 畠 世周		長坂拳弥		大山悠輔	木浪聖也		近本光司
30	ゲラ ネルソン ビーズリー	髙橋遥人 大竹耕太郎			熊谷敬宥 渡邉 諒			楠本泰史
29	漆原大晟				ヘルナンデス	中野拓夢 植田 海(両)		島田海吏
28	石井大智						豊田 寛	
27	才木浩人 村上頌樹 佐藤 蓮	伊藤将司	榮枝裕貴				小野寺暖	
26	岡留英貴 湯浅京己	桐敷拓馬				佐藤輝明		
25		川原 陸 伊原陵人				小幡竜平	森下翔太 野口恭佑	
24	西 純矢 木下里都 石黒佑弥 津田淳哉	及川雅貴 富田 蓮	藤田健斗				井上広大	
23	下村海翔 椎葉 剛				佐野大陽	髙寺望夢		
22			町田隼乙					前川右京
21	茨木秀俊	門別啓人	中川勇斗					
20					戸井零士 山田脩也 百崎蒼生		井坪陽生	
19	今朝丸裕喜							

阪神の強みは何といっても主力にまだまだ余力のある中堅、若手が多いという点である。チームで今年35歳以上は西勇輝だけで、投手も野手もレギュラークラスが20代中盤から30代前半に集まっているのだ。昨年も調子を落とした選手がいながらも、２位となったのはチームに地力と若さがある証拠と言える。ただ不安材料がないわけではない。捕手の坂本誠志郎、梅野隆太郎はともに30歳を超え、リリーフ陣も主力は30歳以上が多い。不動のセンターである近本光司の後釜も不透明な状況だ。このあたりを今後埋めていくことが重要である。

投手

先発、リリーフともに強力も世代交代の準備を

昨年のチーム防御率はトップの巨人と僅差の2位で、先発、リリーフともに2点台を記録するなどリーグでも屈指の陣容を誇る。投手は一昨年MVPの村上頌樹が成績を落としたが、才木浩人と大竹耕太郎の2人が二桁勝利をマーク。ベテランの西勇輝もまだ力があり、高橋遥人も復活の兆しを見せた。一方のリリーフも抑えの岩崎優が少し成績を落としたところを外国人選手のゲラがカバーし、中継ぎも桐敷拓馬、石井大智など力のある投手は多い。今年もよほど怪我人が続出するようなことがなければ十分に戦える戦力は揃っている印象だ。

ただ一方で気になるのは期待されていた若手が少し停滞している点だ。抑え候補だった湯浅京己は怪我と病気で長期離脱。西純矢、及川雅貴もなかなか殻を破れない状況が続いている。昨年も開幕前は高校卒2年目の門別啓人に注目が集まったが、一軍では5試合の登板に終わり、2021年ドラフト1位の森木大智も低迷が続いて今年から育成契約となっている。このままの状態が続くと数年後は苦しくなる可能性も高い。今年は先発、リリーフともに新たな戦力を発掘したいところだ。

野手

前川、井上の成長が今年のカギ

昨年のチーム打率はリーグ5位ながらチーム出塁率はトップで、得点数もリーグ3位と少ないヒットでもしっかり得点できる打線が持ち味だ。オフには主砲の大山悠輔もFA宣言をしながら残留。佐藤輝明、森下翔太と長打のある選手が3人揃い、リードオフマンの近本光司、中野拓夢も含めて上位打線を固定して戦えているというのが他の球団にはない大きな強みである。ただこの5人のうち、森下と近本以外の3人は前年から成績を落としているのが気がかりだ。昨年は特に大山が開幕から不振で、佐藤も調子の波が大きかった。彼らが調子を落とした時にカバーできる存在が欲しいところだ。その候補として期待したいのが前川右京と井上広大の2人だ。ともに長打力には定評があり、広い甲子園でもホームランが期待できる。この2人が1年を通じて一軍で戦力になれば、将来を考えても大きなプラスであることは間違いない。

それ以外で気になるのはキャッチャーとショートだ。主力の坂本誠志郎、梅野隆太郎、木浪聖也が昨年揃って成績を落としたが、彼らを脅かす存在はまだいない。この後数年以内にしっかりと世代交代できるかが将来のチームにとってカギとなるだろう。

▼阪神タイガース 2024年個人投手成績

選手名	勝利	敗戦	S	H	防御率	奪三振率	与四球率	K／BB	WHIP
才木浩人	13	3	0	0	1.83	7.35	2.04	3.61	1.06
大竹耕太郎	11	7	0	0	2.80	5.66	2.05	2.76	1.15
村上頌樹	7	11	0	0	2.58	7.61	1.93	3.94	1.15
西 勇輝	6	7	0	0	2.24	5.13	1.66	3.09	1.09
伊藤将司	4	5	0	0	4.62	4.01	1.95	2.06	1.43
ビーズリー	8	3	0	0	2.47	8.80	2.82	3.13	1.00
青柳晃洋	2	3	0	0	3.69	5.16	3.10	1.67	1.43
桐敷拓馬	3	1	0	40	1.79	8.27	2.48	3.33	1.01
岩崎 優	4	4	23	17	2.20	7.22	2.35	3.07	1.10
ゲラ	1	4	14	31	1.55	7.45	1.71	4.36	1.00
石井大智	4	1	1	30	1.48	10.73	2.59	4.14	0.99
漆原大晟	1	4	0	5	3.89	5.71	4.41	1.29	1.59
岡留英貴	1	0	1	6	2.84	5.68	2.61	2.18	1.24
島本浩也	2	1	0	6	2.81	3.51	3.51	1.00	1.44
富田 蓮	0	1	0	4	0.76	5.55	1.26	4.40	0.87
浜地真澄	0	0	0	0	2.11	3.80	0.84	4.50	0.89

▼阪神タイガース 2024年個人打撃成績

選手名	打率	本塁打	打点	得点圏	出塁率	長打率	OPS	得点	盗塁	失策
近本光司	.285	6	45	.321	.365	.363	.728	71	19	4
中野拓夢	.232	1	32	.240	.297	.282	.579	63	6	8
大山悠輔	.259	14	68	.354	.338	.383	.721	63	0	7
森下翔太	.275	16	73	.351	.363	.441	.804	64	0	2
佐藤輝明	.268	16	70	.322	.327	.439	.766	58	0	23
木浪聖也	.214	1	35	.239	.285	.265	.550	27	1	8
前川右京	.269	4	42	.259	.343	.355	.697	25	0	1
梅野隆太郎	.209	0	15	.220	.289	.243	.532	18	0	2
坂本誠志郎	.223	0	12	.238	.274	.238	.512	11	0	2
ノイジー	.231	1	8	.115	.302	291	.593	8	1	2
渡邉 諒	.260	2	11	.161	.321	.350	.671	7	0	5
小幡竜平	.241	1	9	.313	.313	.310	.623	12	2	5
糸原健斗	.216	0	9	.216	.313	.234	.547	8	0	1
島田海吏	.275	0	2	.111	.363	.300	.663	8	5	2
原口文仁	.241	2	9	.261	.323	.362	.685	5	1	0
野口恭佑	.189	0	5	.357	.279	.189	.467	6	0	0

ファーム

投手も野手も若手が充実。太い柱の確立を目指したい

過去のドラフト採点では12球団で最高得点となり、既に一軍の戦力となっている選手は多いが、ファームを見ても今後が楽しみな選手が揃っている印象を受ける。昨年の投手成績を見てもまず高校卒2年目の茨木秀俊がチームトップのイニング数、勝利数をマークしている。それ以外にも門別啓人、津田淳哉、育成契約の外国人選手であるマルティネスと若手が上位に並んだ。西純矢は少し停滞している印象は否めないが、ともに怪我で一度育成契約となった経験を持つ川原陸、佐藤蓮の2人が成績を上げているのもプラス要因だ。他にも昨年のドラフト1位ルーキーでトミー・ジョン手術を受けて長期離脱となっている下村海翔も控えており、将来に向けての備えもある程度できていると言えるだろう。

一方の野手も高寺望夢、井上広大、戸井零士、野口恭佑、井坪陽生などまだ若い選手がチームの成績上位を占めている。昨年ウエスタン・リーグで最高出塁率のタイトルを獲得した遠藤成がオフに自由契約となって話題となったが、それだけ有望な若手が多い証拠である。加えて昨年のドラフト3位ルーキーの山田脩也も打率こそ低いものの、守備では素晴らしいプレーを見せており球団の期待は高い。現在のレギュラー陣は強力だが、数年後

▼2024年ファーム個人投手成績

選手名	勝利	敗戦	S	H	防御率	奪三振率	与四球率	K／BB	WHIP
茨木秀俊	7	4	0	0	3.64	5.61	3.79	1.48	1.29
西 純矢	5	6	1	0	3.23	7.96	3.33	2.39	1.46
川原 陸	2	1	1	0	1.62	6.84	3.60	1.90	1.24
門別啓人	4	5	0	0	3.96	6.05	2.33	2.60	1.23
マルティネス	6	1	0	0	3.93	6.22	4.58	1.36	1.65
津田淳哉	2	5	0	0	5.26	5.77	2.55	2.27	1.70

▼2024年ファーム個人打撃成績

選手名	打率	本塁打	打点	得点圏	出塁率	長打率	OPS	得点	盗塁	失策
高寺望夢	.288	0	35	-	.354	.356	.709	64	23	12
井坪陽生	.275	2	28	-	.330	.337	.667	38	15	1
井上広大	.308	8	52	-	.386	.438	.824	39	1	4
戸井零士	.246	0	39	-	.315	.320	.636	27	1	10
野口恭佑	.295	5	35	-	.360	.428	.788	37	0	2
豊田 寛	.294	2	41	-	.362	.404	.766	40	2	5

にはこの中から一軍に定着している選手も出てくる可能性は高そうだ。

投手も野手も楽しみな布陣となっているが、今後育てたいのはチームの絶対的な柱となる存在だ。投手ではドラフト2位で指名した今朝丸裕喜が有力な候補であり、左腕の門別もここからの成長が楽しみである。一方で野手は井上が中軸候補と言えるが、それ以外はチャンスメーカータイプが多く、井上も今年で6年目ということを考えるともう若手は卒業という年齢が近づいている。昨年と一昨年のドラフト上位指名の2人は全て投手が占めていることもこの状態を生んでいる大きな原因と言えるだけに、今後数年間のうちに長打力とスケールのある大物野手を積極的に狙うことが重要になるだろう。

戦力チャート

投手はまだまだ先発もリリーフも強力な布陣が揃う
打線も上位は強力だが、レギュラーを脅かす選手が必要か

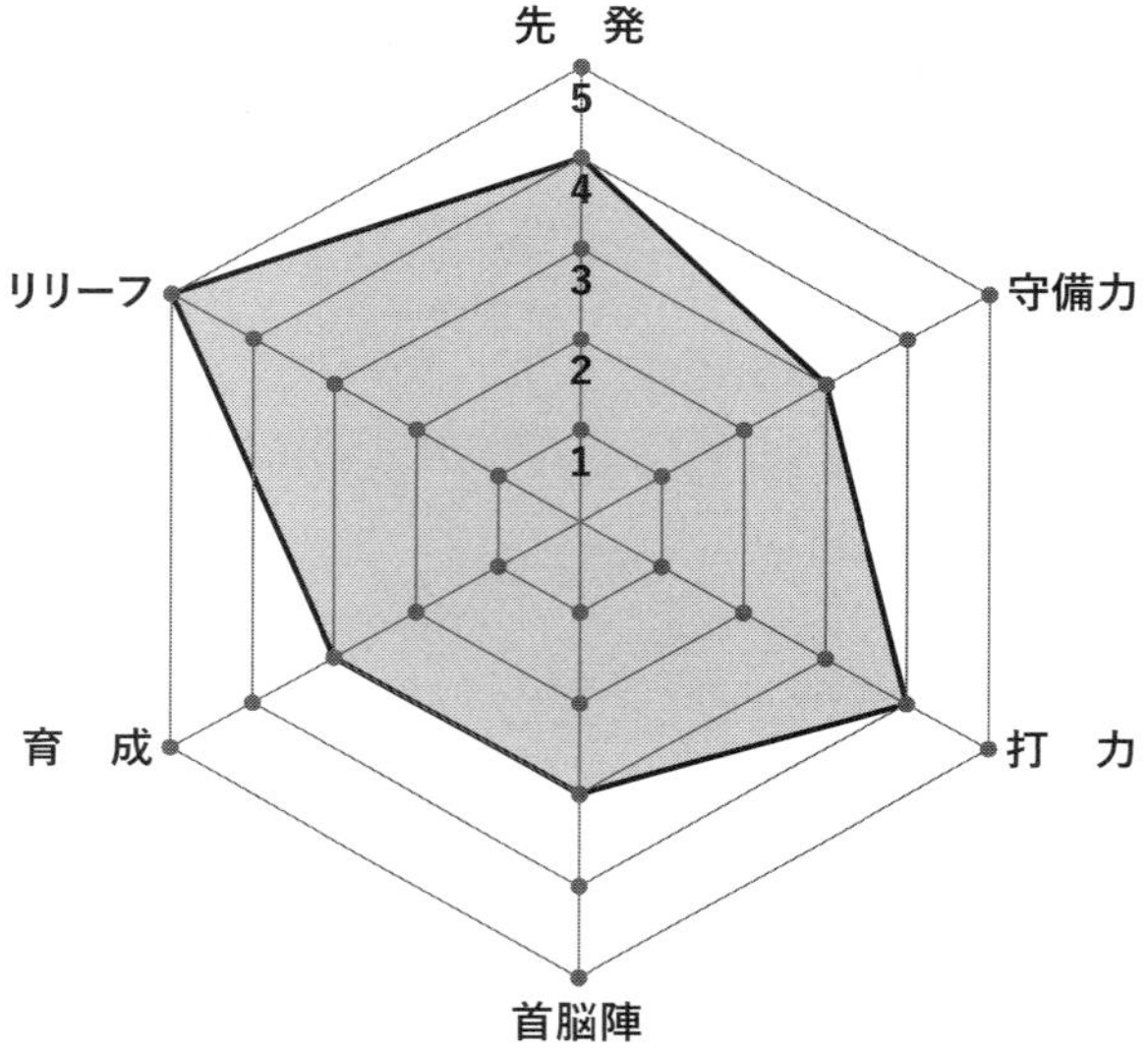

先発は才木浩人、村上頌樹、大竹耕太郎、西勇輝と実績のある投手が４人揃い、今年も強力な布陣となっている。リリーフも抑えの岩崎優がベテランとなっているだけに少し不安だが、それ以外にも力のある投手は多く、大きく崩れる可能性は低い。打線も上位を固定して戦うことができており、主力の流出を防ぐことができたのは大きい。オフに目立った補強はなかったが、現有戦力の底上げがまだまだ期待できることを考えると理解できる。若手と外国人がかみ合えば十分に優勝も狙えるだろう。

｜首脳陣分析｜　チームをよく知るコーチが重要か

チームの守護神として活躍した藤川球児監督が新たに就任。評論家としての鋭い解説には定評があったが、指導者経験はないだけにその手腕は未知数である。一方で昨年までヘッドコーチだった平田勝男が二軍監督、二軍監督だった和田豊が一軍・二軍巡回担当となるなど、球団のことをよく知る人物は残っている。彼らと藤川監督が上手く連携できるかがカギとなりそうだ。

6位・坂口翔颯（写真はアマチュア時代、著者提供）

横浜DeNA ベイスターズ

YOKOHAMA DeNA BAYSTARS

2024チーム成績

71勝69敗3分（セ3位）

2024チーム勝率

.507

得点 522点（セ1位） 失点 503点（セ5位）

本塁打 101本（セ2位） 盗塁 69個（セ1位）

打率 .256（セ1位） 防御率 3.07（セ5位） 失策 96個（セ6位）

2024観客総動員 235万8312人（4位）

2024チーム総年俸 36.2億円（7位）

1位

竹田祐［25］

即戦力の期待大きいが不安要素も

―投手―三菱重工West―

履正社では安田尚憲（ロッテ）と同学年で2年秋にはエースとして明治神宮大会で優勝。明治大でも早くから投手陣の一角に定着し、4年間でリーグ通算11勝をマークするなど活躍したが、指名はなく社会人に進んだ。一昨年も候補として名前が挙がりながら2度目の指名漏れを経験。その悔しさをバネに社会人3年目の昨年は都市対抗野球でも好投を見せて、3度目の正直で1位指名を勝ち取っている。持ち味は安定したフォームと高い制球力だ。高校、大学、社会人と着実に体つきが大きくなっており、ゆったりとしたモーションで楽に腕を振ることができている。腕の振りが体から近く、左右のコントロールを間違えることも少ない。ストレートも大学時代は140キロ台中盤で目立つスピードはなかったが、現在はコンスタントに150キロ前後をマークするまでスピードアップした。決め球のフォークも140キロ近いスピードがあり、しっかり低めに投げ切れるのが持ち味だ。

ＤｅＮＡは映像でデータをとり、捕手の構えたミットからずれることなく投げられたボールの割合が高かったことで竹田の評価が上がったという話もある。また昨年は都市対抗予選と本選で5試合に先発し、その全てで6回以上を投げ切って3失点以内としっかり試合を作り、先発として計算できる点も評価ポイントと言えるだろう。

一方で気になるのはプロに入ってから強烈な武器となるボールがない点と、一昨年からの上積みだ。ストレートとフォークが軸となるが、どちらも打者を圧倒するような威力は感じられず、プロの一軍レベルの中では平凡に見えてしまう可能性もある。また２０２３年もドラフト候補に挙げられていながら指名はなく、そこから一気に1位になるまでの飛躍的な進化は感じられなかった。年齢的にも1年目から一軍の戦力としてかかる期待は大きいが、社会人時代に圧倒的な投球を見せていた吉村貢司郎（ヤクルト）もルーキーイヤーはかなり苦労しただけに、過剰な期待は禁物と言えそうだ。

生命線となるカーブをより磨き、一軍の投手陣に定着なるか。（写真：著者提供）

2位

東京六大学を代表する本格派右腕

篠木健太郎［22］

―投手―法政大―

毎年のように好投手を輩出している木更津総合でも1年春から公式戦で登板するなど、早くから注目を集めていた右腕。法政大でも2年春から主戦となり、その年に早くも大学日本代表に選ばれている。投手としては決して体が大きいわけではないが、躍動感あふれるフォームから投げ込まれるストレートはコンスタントに150キロに迫り、鋭く変化するスライダー、カットボールも大きな魅力だ。

少し気がかりなのが早くからリーグ戦で登板し、ボールの力がありながらも圧倒的な成績を残せなかったという点だ。4年間の通算成績は14勝12敗で、2点以下の防御率をマークしたのも2シーズンしかない。テンポの良さがある反面、ピンチではリズムが単調になって手痛い一打を浴びるシーンも多かった。投手陣が不足しているためチャンスは多そうだが、一軍で先発となると少し厳しい印象は否めない。まずは球威を生かして、リリーフからスタートすることも検討すべきだろう。

DRAFT 2024

3位

加藤 響［22］

独立リーグで進化した強打の内野手

―内野手―徳島インディゴソックス―

初めてプレーを見たのは中学時代。海老名リトルシニアの主力として、当時からその打撃センスは光るものがあった。東海大相模、東洋大とその後も強豪チームで下級生の頃からレギュラーを任せられていたが、大学3年秋のリーグ戦終了後に野球部を退部。大学に籍を残したまま四国アイランドリーグの徳島に入団すると、打率3割を超える好成績を残し、在籍1年でドラフト指名を勝ち取った。

最大の持ち味は悪い癖のないスイングを生かしたバッティングだ。タイミングをとる動きに余裕があり、長くボールを見て鋭い振り出しでセンター中心に鋭い当たりを放つことができる。ホームラン打者ではないが芯でとらえればスタンドに運ぶ力はあり、選球眼の良さも魅力だ。プロで課題となりそうなのが守備面だ。独立リーグではショートを守っていたが、捕球、送球ともにそれほど目立つものはなかった。プロでは打撃を伸ばしてサードで勝負するのが一軍定着の近道となりそうだ。

4位

独立リーグで成長した遅咲きの右腕

若松尚輝［24］

―投手―高知ファイティングドッグス―

札幌第一では外野手としてプレーしており、当時は全く無名の存在で大学も札幌学生リーグで二部に所属している札幌学院大に進学。同大学から初めてNPB入りした近藤廉（中日）は2学年先輩にあたる。大学3年から投手に転向すると、卒業後は独立リーグの高知に入団。1年目も候補に挙げられながら故障もあって指名漏れを経験したものの、2年目にさらなる成長を見せて支配下指名を勝ち取った。

たくましい体格から投げ込むストレートは数字以上の勢いがあり、空振りを奪えるのが持ち味。投手経験の短さを感じさせないフォームの安定感があり、スライダー、フォークという縦の変化球もレベルは高い。1位の竹田と同様に、プロの一軍レベルでは平凡に見えてしまう危険性もあるが、まだまだ成長しそうな雰囲気があるのも魅力だ。先発、リリーフの両方を経験してきているのも評価に繋がったと思われる。まずは与えられたポジションで力を発揮して、早期の一軍定着を目指したい。

DRAFT 2024

5位

隠し玉的な高校生ショート

田内真翔［17］

―内野手―おかやま山陽高―

中国地区では評判になっていた内野手。2年夏には1番、サードとして岡山大会で5割を超える打率を残し、チームの優勝にも大きく貢献した。実際にプレーを見たのはその後の甲子園で、2年生にしては攻守ともセンスを感じたのは覚えているが、そこまで強烈な印象は残っていない。2年秋からショートに転向したものの、その後の公式戦ではチームが早々に敗退したこともあってスカウト陣から名前を聞くことも少なかった。

ＤｅＮＡは高校生の内野手として一番の評価をしていたとのことで、チームの結果には左右されない部分での攻守にわたる成長があったことは確かだろう。ただ、実際に調査に動いていた球団は少なく、他球団のスカウトからも支配下で指名されたことに対しては驚きの声も聞かれた。チームは高校卒の内野手が少ないだけにチャンスも多そうだが、当面のライバルとなりそうなのは3位の加藤だ。選手のタイプとしても重なる部分は多いだけに、加藤に勝る部分をいかに確立できるかが重要になりそうだ。

6位

坂口翔颯［22］

故障で評価ダウンも実力は十分

―投手―国学院大―

報徳学園時代から評判の右腕で、国学院大でも層の厚い投手陣の中で入学直後からリーグ戦で登板。1年秋には5勝をあげてチームを優勝に導き、ベストナインと最優秀投手のタイトルも獲得した。1学年先輩の武内夏暉（西武）と比べても当時はあらゆる面で上回っていた印象だ。総合力では東都一部でもトップと見られていたが、6位という評価になったのは最終学年で調子を落とした影響が大きい。特に秋は右ひじの不調で出遅れ、わずか2試合の登板に終わっている。ただ好調時のストレートは浮き上がるような勢いがあり、ブレーキ抜群のチェンジアップなど変化球のレベルも高い。

ドラフト指名後の12月にはトミー・ジョン手術を実施。1年目はリハビリに費やすことになるが、結論を先延ばしにするのではなく、早期に不安を解消する決断を下したことは好感が持てる。リハビリ期間にフィジカル強化に取り組んでさらなるスケールアップを図り、2年目に実戦復帰、3年目に一軍定着を目指したい。

DRAFT 2024

育成

育成1位
小針大輝
内野手／日大鶴ケ丘高

育成2位
吉岡 暖
投手／阿南光高

育成3位
金渕光希
投手／八戸工大一高

将来性高い高校生3人を指名。吉岡と金渕はU18候補にも選出

支

配下での高校生は5位の田内だけだったが、それを補うようにして3人の高校生を指名した。育成1位の小針は191cmの大型内野手。まだそこまで力強さはないが悪い癖のないスイングが光る。長身に見合うパワーをつけて打撃を伸ばしたい。

育成2位の吉岡は3年春の選抜高校野球でも好投した右腕。まだまだ球威は物足りないが、高い位置から腕が振れ、縦の変化球の使い方が上手い。育成3位の金渕も下級生の頃から東北では評判となっていたサウスポー。甲子園出場経験はないが昨年4月にはU18侍ジャパンの強化合宿にも召集されている。バランスの良いフォームが特長で、吉岡と同様に出力アップが今後のテーマとなりそうだ。

過去ドラフト通信簿

65点

▶2022

1位 松尾汐恩（捕手／大阪桐蔭高）

2位 吉野光樹（投手／トヨタ自動車）

3位 林 琢真（内野手／駒澤大）

4位 森下瑠大（投手／京都国際高）

5位 橋本達弥（投手／慶應義塾大）

▶2023

1位 度会隆輝（外野手／ENEOS）

2位 松本凌人（投手／名城大）

3位 武田陸玖（投手／山形中央高）

4位 石上泰輝（内野手／東洋大）

5位 石田裕太郎（投手／中央大）

6位 井上絢登（外野手／徳島インディゴソックス）

2 即戦力は成功も高校生は課題

2010年代はそれ以前にチームが低迷していたこともあって早くから戦力になりそうな大学生、社会人の投手を上位で指名し、それが奏功してチームの成績も安定してきた。過去5年間に関してはそこから少し変化が見られ、森敬斗、小園健太という高校生2人を1位で指名している。ただ、森はようやく昨シーズン終盤に一軍定着を果たしたが、小園はいまだに浮上の兆しが見えない。過去10年まで遡っても高校卒でレギュラークラスとなっている選手は皆無という状況だ。そもそも指名している人数が少ないということもあるが、ここまで高校卒の選手が育っていない球団も珍しい。このチーム状況が昨年のドラフトでも上位で社会人、大学生中心の指名となった一因と言えそ

▶2019
1位 森 敬斗（内野手／桐蔭学園高）
2位 坂本裕哉（投手／立命館大）
3位 伊勢大夢（投手／明治大）
4位 東妻純平（捕手／智辯学園和歌山高）
5位 田部隼人（内野手／開星高）
6位 蝦名達夫（外野手／青森大）
7位 浅田将汰（投手／有明高）

▶2020
1位 入江大生（投手／明治大）
2位 牧 秀悟（内野手／中央大）
3位 松本隆之介（投手／横浜高）
4位 小深田大地（内野手／履正社高）
5位 池谷蒼大（投手／ヤマハ）
6位 髙田琢登（投手／静岡商業高）

▶2021
1位 小園健太（投手／市立和歌山高）
2位 徳山壮磨（投手／早稲田大）
3位 粟飯原龍之介（内野手／東京学館高）
4位 三浦銀二（投手／法政大）
5位 深沢鳳介（投手／専修大松戸高）
6位 梶原昂希（外野手／神奈川大）

うだ。

将来性はかなり課題だが、評価できるのは即戦力を期待した選手がある程度機能しているという点だ。中でも最大のヒットは2020年2位の牧秀悟だろう。1年目から中軸に定着し、現在では侍ジャパンの中心選手へと成長した。投手では坂本裕哉、伊勢大夢、入江大生が戦力となっている。また下位指名からは蝦名達夫、梶原昂希も昨年大きく成績を伸ばしている。大学生のスカウティングについてはある程度評価できるだろう。

ただ球界を代表するような選手は高校卒の割合が多く、ＤｅＮＡでは筒香嘉智以降、そのような候補は不在だ。日本一になったことで独自のスカウティング戦略も話題となったが、チームのスケールを大きくするためにも、将来性のある高校生の指名については再度見直してもらいたいところだ。

▼2025年 横浜DeNAベイスターズ 年齢構成早見表

※2025年2月1日現在。
年齢は2025年の誕生日時。

年齢	投手		捕手		内野手		外野手	
	右投げ	左投げ	右打ち	左打ち	右打ち	左打ち	右打ち	左打ち
37					宮﨑敏郎			
36			伊藤 光					
35	三嶋一輝			戸柱恭孝				
34	森原康平 バウアー				オースティン			筒香嘉智
33	山﨑康晃 森 唯斗 ウィック							
32		石田健大				柴田竜拓	桑原将志	
31	大貫晋一 佐々木千隼					京田陽太		佐野恵太 神里和毅
30	平良拳太朗	東 克樹 ケイ						関根大気
29	ジャクソン							
28		坂本裕哉					蝦名達夫	
27	伊勢大夢 入江大生 吉野光樹 京山将弥 浜地真澄 颯 堀岡隼人	岩田将貴	山本祐大		牧 秀悟			
26	竹田 祐 徳山壮磨 中川虎大	ディアス			知野直人	三森大貴		梶原昂希
25	若松尚輝 宮城滝太		益子京右			林 琢真 井上絢登		勝又温史
24	松本凌人		東妻純平			石上泰輝		
23	篠木健太郎 坂口翔颯 石田裕太郎	松本隆之介			加藤 響	森 敬斗		度会隆輝
22	小園健太							
21		森下瑠大	松尾汐恩					
20								
19								武田陸玖
18					田内真翔			

主力選手の年齢は揃って高いわけではないが、気になるポジションも少なくない。投手ではリリーフ陣が課題だ。長年抑えを任せてきた山﨑康晃が年々成績を落としており、昨年は自己最低となる38試合の登板に終わった。代わりに抑えを任せられている森原康平も山﨑より年齢は上である。世代交代の準備は必要だろう。一方の野手では宮﨑敏郎と筒香嘉智が完全にベテランと言える年齢となった。牧秀悟より下の世代で中軸として期待できそうなのは度会隆輝くらいしか見当たらないだけに、長く中軸を任せられる選手も積極的に狙いたい。

投手

東に次ぐ先発の柱と、新クローザー候補の確立を

昨年のチーム防御率はリーグ5位。前年に柱として活躍していた今永昇太とバウアーが揃って抜けたことを考えると健闘したとも言えるが、やはり他球団と比べても全体的に見劣りする印象は否めない。先発投手はエースの東克樹以外は安定した日本人投手は不在で、昨年も外国人投手のケイ、ジャクソンの2人の奮闘が目立った。実績のある投手では大貫晋一、石田健大などの名前が挙がるが、いずれも年々成績を落としている。オフにはバウアーの2シーズンぶりの復帰も発表されたが、外国人投手への依存度が非常に高い。もし東が以前のように怪我で長期離脱というようなことがあると、一気にヤクルトと変わらない状況に陥る危険性もあるだろう。

リリーフも年齢構成表で触れた通り山﨑康晃、森原康平の2人がベテランとなっており、安心できない状況となっている。代役としては伊勢大夢、中川虎大、ウィックなどが候補となるが、そこまでの安定感はないのが現状である。現役ドラフトで加入した佐々木千隼、ソフトバンクを戦力外になって移籍した中川颯などもいるが、層の薄さは否めない。今年も厳しい台所事情となる可能性は高そうだ。

野手

牧に次ぐ若手と守備面に課題が残る

昨年のチーム打率、得点はいずれもリーグトップ。他球団が長打が減って犠打を多用する中で前年よりも犠打数は減少しており、打線については間違いなく12球団でも上位の力がある。ただ今年以降も安泰かというとそういうわけでもなさそうだ。牧秀悟以外の中軸は軒並み30歳を超えており、オースティンも故障の多さが気になる。リードオフマンの桑原将志もポストシーズンでの活躍は見事だったが、年々成績が下降している状況だ。昨年大きく成績を伸ばした山本祐大、梶原昂希や一昨年のドラフト1位である度会隆輝など楽しみな選手が多いのはプラスだが、そろそろ牧に次ぐ若手の中軸を確立したい。

野手でもう一つ課題となっているのが守備面だ。昨年のチーム失策数はリーグ最多を記録しており、特に内野陣はミスの多さが目立つ。長年の懸念となっているショートは過去にもFAで大和、トレードで京田陽太を獲得し、昨年は森敬斗が成長を見せたが、完全なレギュラーと言える選手は不在の状況が続いている。牧秀悟もセカンドとしては年々動きが厳しくなっている印象は否めない。捕手の山本以外のセンターラインは守備面での不安要素が多い状況で、特にショートのレギュラー確立がポイントとなりそうだ。

▼横浜DeNAベイスターズ 2024年個人投手成績

選手名	勝利	敗戦	S	H	防御率	奪三振率	与四球率	K／BB	WHIP
東 克樹	13	4	0	0	2.16	6.89	1.33	5.19	1.05
ジャクソン	8	7	0	0	2.90	7.62	3.21	2.37	1.12
ケイ	6	9	0	0	3.42	7.84	3.49	2.25	1.34
大貫晋一	6	7	0	0	2.85	5.91	2.45	2.42	1.15
石田裕太郎	4	3	0	0	3.97	5.95	1.83	3.25	1.49
濵口遥大	2	4	0	0	3.25	7.69	4.96	1.55	1.44
森原康平	2	6	29	11	2.41	8.90	1.81	4.92	1.11
坂本裕哉	1	1	0	13	2.20	7.80	2.40	3.25	1.22
ウィック	5	1	1	11	2.60	10.00	4.00	2.50	1.24
山﨑康晃	3	5	4	11	3.35	6.93	2.63	2.64	1.22
伊勢大夢	2	3	0	18	3.62	7.79	1.39	5.60	1.02
中川虎大	1	3	0	10	3.19	8.71	2.90	3.00	1.26
徳山壮磨	1	1	0	8	2.45	3.68	4.60	0.80	1.43
中川 颯	3	0	1	5	4.42	5.68	2.05	2.77	1.37
佐々木千隼	0	1	1	6	1.95	6.81	4.14	1.65	1.27
ウェンデルケン	1	1	0	16	1.71	8.54	3.08	2.78	1.10

▼横浜DeNAベイスターズ 2024年個人打撃成績

選手名	打率	本塁打	打点	得点圏	出塁率	長打率	OPS	得点	盗塁	失策
佐野恵太	.273	8	62	.298	.322	.384	.705	51	0	2
牧 秀悟	.294	23	74	.248	.346	.491	.837	76	11	18
宮﨑敏郎	.283	14	56	.311	.371	.444	.815	49	1	9
オースティン	.316	25	69	.388	.382	.601	.983	66	0	8
山本祐大	.291	5	37	.308	.340	.383	.723	29	1	2
梶原昂希	.292	4	30	.192	.314	.392	.707	49	16	1
桑原将志	.270	5	24	.281	.321	.365	.685	35	8	2
度会隆輝	.255	3	24	.259	.306	.327	.633	21	2	4
蝦名達夫	.256	3	17	.191	.324	.354	.678	28	3	0
京田陽太	.245	1	27	.309	.284	.301	.585	18	3	7
森 敬斗	.251	0	5	.154	.295	.326	.621	16	8	12
筒香嘉智	.188	7	23	.209	.274	.409	.683	12	0	0
関根大気	.227	0	4	.212	.298	.242	.540	14	2	1
林 琢真	.167	0	7	.129	.232	.235	.467	11	6	3
戸柱恭孝	.244	0	4	.267	.292	.289	.581	4	0	0
大和	.247	0	3	.050	.289	.259	.548	4	1	0

ファーム

楽しみな若手は多いだけに、早期の一軍戦力化がカギ

昨年はイースタン・リーグで実に42年ぶりとなる優勝を飾った。ファームの本拠地である横須賀スタジアムに隣接している室内練習場も充実しており、育成に対する投資の成果は徐々に出てきていると言えそうだ。投手で楽しみなのが昨年育成4位入団ながらチームトップの9勝をマークした庄司陽斗と高校卒2年目で成績を伸ばした森下瑠大のサウスポー2人だ。ともにストレートで圧倒するような球威はないものの、左投手らしいボールの角度があり、落差のある縦の変化球を操れるのも魅力だ。また怪我から復帰した同じサウスポーの松本隆之介もまだ若くて楽しみな存在である。2021年1位の小園健太がなかなか二軍でも目立たないのは気になるものの、彼らが一軍のローテーション争いに加わってくるまでに成長すればチームの将来も明るくなるだろう。

一方の野手でチームの将来を担う存在と言えるのが2022年ドラフト1位で入団した松尾汐恩だ。1年目から二軍でチームトップの95安打を放つと、2年目の昨シーズンも78試合に出場して打率3割2分6厘と見事な成績を残した。全身を使ってフルスイングしながらミート力の高さを備えており、三振の少なさも目立つ。打撃については既に一軍レベ

▼2024年ファーム個人投手成績

選手名	勝利	敗戦	S	H	防御率	奪三振率	与四球率	K／BB	WHIP
庄司陽斗	8	5	0	0	2.35	6.12	3.02	2.03	1.23
小園健太	3	3	0	0	4.46	5.99	3.44	1.74	1.49
吉野光樹	4	5	0	0	3.26	7.19	3.12	2.30	1.27
森下瑠大	2	2	0	0	1.32	5.87	2.20	2.67	1.30
松本隆之介	3	1	0	0	3.02	7.84	4.83	1.63	1.39
宮城滝太	4	3	0	0	3.92	7.99	3.02	2.65	1.31

▼2024年ファーム個人打撃成績

選手名	打率	本塁打	打点	得点圏	出塁率	長打率	OPS	得点	盗塁	失策
松尾汐恩	.326	3	42	-	.384	.431	.816	26	5	3
石上泰輝	.222	4	20	-	.308	.307	.614	31	13	9
井上絢登	.302	8	52	-	.360	.481	.841	38	9	8
知野直人	.240	4	31	-	.348	.342	.691	36	8	8
西浦直亨	.252	3	26	-	.335	.356	.691	23	2	8
楠本泰史	.263	4	19	-	.326	.390	.716	29	3	0

ルと言えるだろう。守備面も着実にレベルアップを果たしており、正捕手の山本祐大とのレギュラー争いは今後のチームの大きな注目ポイントとなりそうだ。

松尾とともに楽しみな存在となっているのが今年2年目となる度会隆輝と井上絢登の2人だ。度会は即戦力の期待にはそこまで答えることはできなかったが、二軍では格の違いを見せている。また独立リーグ出身の井上も二軍でチームトップの8本塁打を放ち、打率も3割をクリアするなどしっかりと結果を残した。成績は残せなかったものの石上泰輝もチーム2位の打席数を記録するなど経験を積んでいる。今シーズンこの3人が揃って一軍の戦力となることができれば、チームの将来も一気に明るくなりそうだ。

戦力チャート

投手は外国人への依存度が高く、先発、リリーフとも不安
強力打線はチームの売りも、守備面は課題が多い

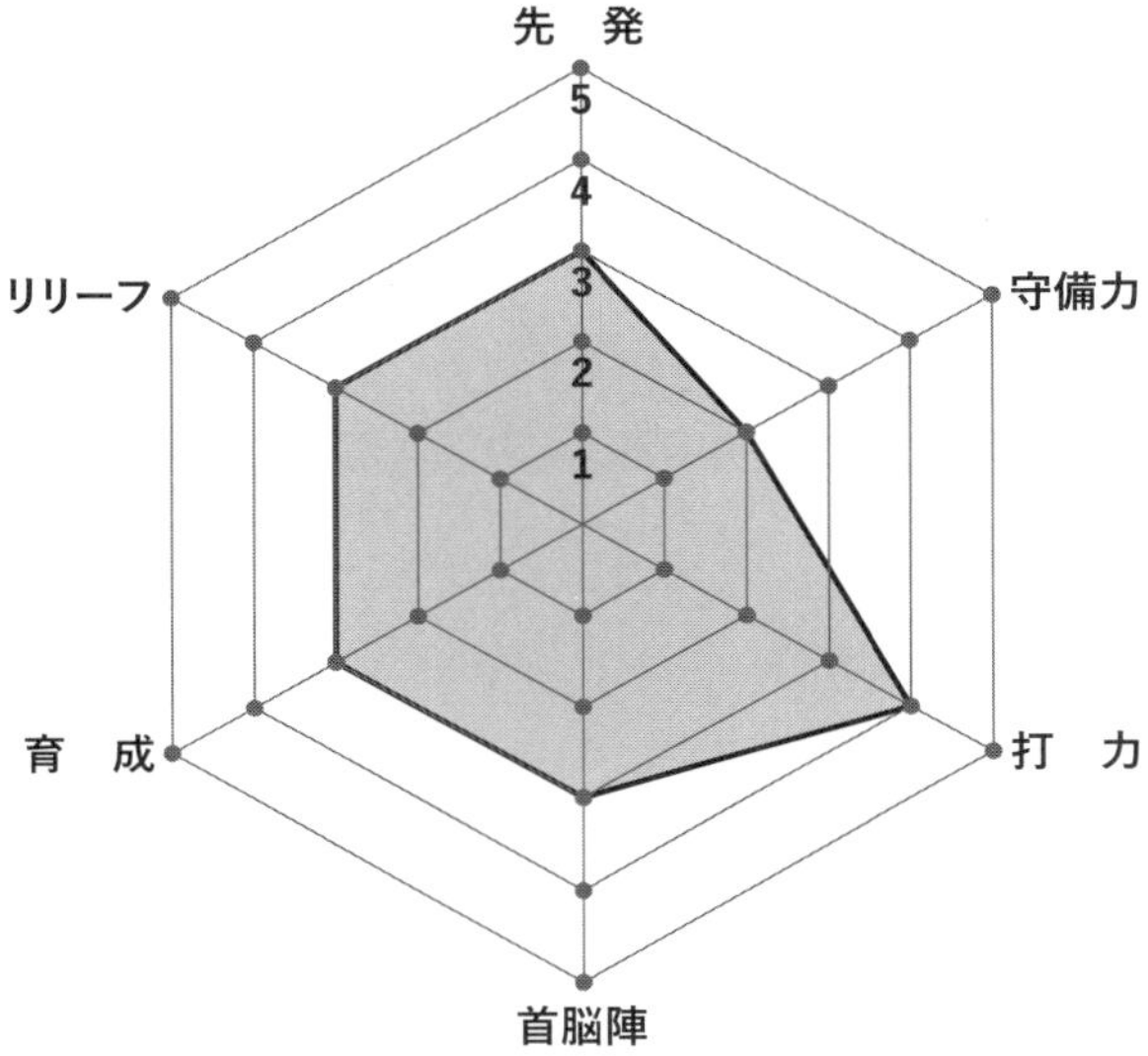

先発はエースの東克樹が安定しており、バウアーが復帰したことも大きなプラスだ。ただファームにも楽しみな若手はいるものの、全体的にはやはり層の薄さが目立つ。外国人選手が最低でも今年並みの成績を残し、バウアーも一昨年と同様の投球を見せることが上位進出の条件となるだろう。一方の野手は昨年からの戦力ダウンはなく、今年も十分に強力な打線を組むことが期待できる。ただ、守備については課題も多いだけに、打線で失点をカバーする展開が多くなるだろう。

｜首脳陣分析｜　将来を考えたチーム作りが今後の課題か

作戦を担当するオフェンスコーチ、ディフェンスコーチを設置し、データに基づいた采配や選手起用が奏功した印象は強い。特にバントを多用せずに、上手く打者の力を得点に繋げた面は高く評価できるだろう。ただ戦力的にはあらゆる面で課題が散見され、長く優勝争いできるかについては疑問が残る。今年は将来を見据えたチーム作りができるかが重要になりそうだ。

3位・岡本駿（写真はアマチュア時代、著者提供）

広島東洋カープ
HIROSHIMA TOYO CARP

2024チーム成績
68勝70敗5分（セ4位）

2024チーム勝率
.493

得点 415点（セ5位） 失点 419点（セ2位）
本塁打 52本（セ6位） 盗塁 66個（セ3位）
打率 .238（セ6位） 防御率 2.62（セ3位） 失策 66個（セ2位）

2024観客総動員 208万5671人（7位）
2024チーム総年俸 29.2億円（12位）

1位

佐々木 泰［22］

チームが待望する強打が魅力のサード

―内野手―青山学院大―

県岐阜商時代から高い注目を集めており、3年夏に出場した甲子園交流試合では全試合を通じて唯一となるホームランも放った。青山学院大でも1年夏からいきなり4本塁打と大活躍。4年春の大学選手権でも2本塁打を放ってチームの優勝に大きく貢献し、MVPにも輝いた。最大の魅力は思い切りの良いスイングと長打力だ。体はそこまで大きいわけではないが、全身をフルに使ったスイングは迫力十分で、芯でとらえた時の打球の勢いは目を見張るものがある。強打者タイプでありながら脚力も備えているというのも、広島のチームカラーとマッチしていると言えるだろう。

一方で課題となるのは打撃の確実性とサードの守備だ。大学では4年間レギュラーとして出場し続けたが、8シーズン中3シーズンが打率1割台で、通算打率も2割5分を下回っている。長打を狙って打球に角度をつけようとし過ぎて、スイングが崩れるというシーンが非常に多かった。守備でも動きの良さはあるものの、ハンドリング、スローイングともに少し雑な印象が強く、見ていて軽率に感じるエラーも多い。もう少し打撃も守備も丁寧にプレーする必要があるだろう。

ただそれでも佐々木にとって大きいのは右の強打者タイプがチームに圧倒的に不足しているという点だ。最初の入札では地元出身のスター候補ということで宗山塁（明治大→楽天1位）を指名しているが、チーム事情を考えると佐々木の方がマッチしていることは間違いないだろう。サードはチームの中心選手となった小園海斗が守ることが多く、レギュラー獲得は簡単ではないものの、セカンドの菊池涼介がベテランとなっていることを考えると、小園をセカンドにコンバートするというのが既定路線のように感じられる。そのタイミングを早くできるかというのは、佐々木の出来にかかっていると言えるだろう。確実性を課題に挙げたが、まずは持ち味の長打力をアピールして一軍定着を目指したい。

大学同期のロッテ1位・西川に負けない、持ち前のパンチ力を見せたい。（写真：著者提供）

2位

独特のフォームが特徴の先発左腕

佐藤柳之介［22］

―投手―富士大―

昨年のドラフトで6人が指名を受けて話題となった富士大でエースとして活躍したサウスポー。東陵高校時代は無名の存在だったが、着実に力をつけて4年秋にはMVP、ベストナイン、最優秀防御率とタイトルを総なめにした。

特長はボールの出所が見づらいフォームと数字以上に勢いのあるボールだ。テイクバックで早めに肘をたたみ、グラブを持つ右手を高く上げるスタイルは伊藤将司（阪神）と重なるものがある。ストレートは145キロ前後と驚くようなスピードはないものの、大きいカーブなどで緩急をつけるのも上手く、空振りを多く奪えるのも魅力だ。課題は伊藤ほどの制球力がないところ。四死球で崩れるようなことはないが、昨年秋の終盤は明らかに抜けるボールが目立っていた。球威がそこまであるわけではないだけに、一軍で勝負するにはもう少し緻密さが必要となる。まずは二軍でしっかり実戦を積みながら課題をクリアして、夏場くらいに一軍デビューを目指したい。

DRAFT 2024

3位

岡本 駿［22］

大学から投手に転向した大型右腕

―投手―甲南大―

徳島城南高校時代は内野手で、大学から本格的に投手に転向したという経歴を持つ。4年春には腰を痛めて2試合の登板に終わったものの、そのうちの1試合が完封という見事な投球で評価を上げ、秋に復調を見せたこともあって3位という高い順位での指名となった。大学生にしてはまだまだ体が細く、安定感に乏しいものの、力みなく楽に腕を振って速いボールを投げられるというのが大きな長所だ。長身でもバランスが良く、コントロールも決して悪くない。リリースの感覚も良く、意外に器用であらゆる変化球を操って打者を打ち取ることができる。大学から投手に転向したということで、まだまだ成長しそうな雰囲気があるのも高く評価された要因と言えるだろう。

大学生だが即戦力ではなく将来性の評価のため、1年目はまずフィジカル強化が大きなテーマとなる。シーズン序盤は体作りに専念し、徐々に実戦を増やして3年目に一軍定着を目指すというのが現実的な目標となりそうだ。

4位

渡邉悠斗［22］

パワーと強肩が魅力の大型内野手

―内野手―富士大―

堀越高校では2年生の頃から4番、キャッチャーとしてプレーしていたものの、当時はプロから注目されるような選手ではなかった。富士大では3年春からレギュラーに定着すると、4季連続で打率3割以上をマーク。3年秋には首位打者、4年春にはホームランと打点の二冠に輝くなど、打線を牽引する活躍を見せた。最大の持ち味はパワフルなバッティングだ。上半身も下半身もよく鍛えられたたくましい体格で、打球の速さと飛距離は大学球界でも間違いなく上位である。少し力みが目立つこともあるものの、場面に応じたバッティングができ、右方向にも大きい当たりを打てるのも魅力だ。

一方で気になるのが守備面だ。大学では基本的にファーストを守ることが多く、脚力に関しては全く目立つものがないことを考えると外野などへのコンバートは考えづらい。捕手としては強肩が目立つものの、高いレベルでの経験は不足している。レギュラー獲得にはファーストで外国人選手と勝負できるくらいの打撃が必要となるだろう。

DRAFT 2024

5位

身長2メートルの超大型右腕

菊地ハルン［18］

―投手―千葉学芸高―

パキスタン出身の父を持ち、身長2メートルという規格外のサイズで話題となっていた超大型右腕。中学時代は千葉の強豪チームである佐倉リトルシニアでプレーしており、当時は目立った実績はなかったものの、長身ということもあって千葉学芸では1年夏から公式戦に登板。その後はチーム内での不祥事などもあってなかなか上位進出を果たすことはできなかったが、スケール感の大きさもあって支配下指名を勝ち取った。

2年秋に現地でブルペンの投球を見た時には腕を懸命に振っている割にボールのスピードは物足りず、3年夏の千葉大会でも140キロ程度だったものの、高校野球を引退してからの成長に注目したスカウトも多かったという。長身に見合うだけの筋力がなく、投げる以外のプレーなど覚えることは多いため、一軍の戦力となるまでに時間はかかりそうだが、同じタイプのアドゥワ誠が活躍しているのは菊地にとっても心強いはずだ。1年目は体作りとフォーム固めに専念して、2年目からの実戦デビューを目指したい。

育成

育成1位
小船 翼
投手／知徳高

育成2位
竹下海斗
投手／敦賀気比高

育成3位
安竹俊喜
捕手／静岡大

将来性の高い投手2人を獲得。静岡大からは2年連続の指名

育成ドラフトでは例年と同程度の3人を指名した。過去を振り返っても育成での指名は高校生の割合が多く、昨年も3人中2人が高校生となっている。その中でも将来的に最も期待できる存在と言えそうなのが育成1位の小船だ。神奈川県の出身で、海老名リトルシニア時代は故障もあってチームで5番手投手と全く実績はなかったが、日本人離れした体格ということもあって注目を集めていた右腕である。2年春に140キロを超えると、2年秋には150キロをマーク。この頃からドラフト候補として話題に上がることが多くなった。圧巻だったのが3年春の地区予選で見せたピッチングだ。同じ地区の実力校である御殿場西を相手に18奪三振で2失点完投。ストレートの最速は151キロに達し、

試合終盤にも145キロ以上をコンスタントに計測していた。それでも育成指名となったのは5月に肩を痛めた影響が大きい。夏は明らかに本調子ではなく、安定感を欠く投球だった。それでも198㎝の長身でスケールの大きさは昨年の高校生投手の中でも屈指の存在だ。まずはコンディションを整えて体を鍛える必要はあるが、順調に成長すれば将来はローテーションの柱となる可能性も秘めている。

育成2位の竹下は小船とは対照的に投球術と制球力が光るサウスポー。1年夏、2年春、3年春と3度甲子園に出場し、U18侍ジャパンの候補にも選ばれている。スピードは130キロ台中盤が多く、驚くような速さはないものの、高い位置から腕が振れ、コーナーにしっかり投げ分けることができる。打者の目線をそらす大きいカーブと、手元で鋭く沈むチェンジアップはいずれもブレーキ抜群だ。また打っても4番を任されており、投げない時はセンターを守るなど、投手以外のプレーでも高い野球センスが光る。まだ体つきは頼りないだけに体力強化が重要だが、高い制球力を維持したまま、出力が上がってくれば、先発タイプのサウスポーとして面白い存在だ。

育成3位の安竹は静岡高校時代は控え選手で、1年浪人して静岡大に進学した経歴を持つ。キャッチングが安定しており捕手らしい雰囲気があるのが魅力だ。若手の捕手はライバルも多いだけに、まずは守備面でアピールして二軍での出場機会を増やしたい。

過去ドラフト
通信簿

75点

▶2022

1位 斉藤優汰
（投手／苫小牧中央高）

2位 内田湘大
（内野手／利根商業高）

3位 益田武尚
（投手／東京ガス）

4位 清水叶人
（捕手／高崎健康福祉大高崎高）

5位 河野 佳
（投手／大阪ガス）

6位 長谷部銀次
（投手／トヨタ自動車）

7位 久保 修
（外野手／大阪観光大）

▶2023

1位 常廣羽也斗
（投手／青山学院大）

2位 髙 太一
（投手／大阪商業大）

3位 滝田一希
（投手／星槎道都大学）

4位 仲田侑仁
（内野手／沖縄尚学高）

5位 赤塚健利
（投手／中京学院大学）

上位指名の投手は軒並み成功

目立つのが上位で指名した投手の活躍ぶりだ。森下暢仁、栗林良吏、森浦大輔は1年目から一軍で主力となり、黒原拓未も3年目の昨年一気にブレイクした。それ以降に獲得した斉藤優汰、常廣羽也斗、高太一、滝田一希も二軍では楽しみな投球を見せている。高校生が斉藤だけというのは少し気になるものの、過去5年間の投手指名は成功と言えるだろう。一方で気になるのが野手だ。そもそも2位以上の上位で指名した野手は宇草孔基と内田湘大の2人だけ。内田は昨年一軍でプロ初ヒットを放つなど楽しみな存在となっているものの、宇草は一軍の戦力となることはできていない。投手指名に振り切ったことの弊害と言えそうだ。救いは下位指名からレギュラークラスになる選手

▶2019

1位 森下暢仁
（投手／明治大）

2位 宇草孔基
（外野手／法政大）

3位 鈴木寛人
（投手／霞ケ浦高）

4位 韮澤雄也
（内野手／花咲徳栄高）

5位 石原貴規
（捕手／天理大）

6位 玉村昇悟
（投手／丹生高）

▶2020

1位 栗林良吏
（投手／トヨタ自動車）

2位 森浦大輔
（投手／天理大）

3位 大道温貴
（投手／八戸学院大）

4位 小林樹斗
（投手／智辯学園和歌山高）

5位 行木 俊
（投手／徳島インディゴソックス）

6位 矢野雅哉
（内野手／亜細亜大）

▶2021

1位 黒原拓未
（投手／関西学院大）

2位 森 翔平
（投手／三菱重工West）

3位 中村健人
（外野手／トヨタ自動車）

4位 田村俊介
（外野手／愛工大名電高）

5位 松本竜也
（投手／Honda鈴鹿）

6位 末包昇大
（外野手／大阪ガス）

7位 髙木翔斗
（捕手／県立岐阜商業高）

が飛び出してきたことだ。２０２０年６位の矢野雅哉は昨年ゴールデングラブ賞を受賞するなどリーグを代表するショートへと成長。２０２１年６位の末包昇大も長打力を発揮して中軸を任されることが増えている。捕手の石原貴規、外野手の田村俊介もレギュラー候補といえる存在だ。過去にも前田智徳、江藤智、金本知憲、そして現監督の新井貴浩と下位指名から叩き上げてレギュラーを輩出している伝統はさすがである。

ただ、丸佳浩、鈴木誠也が抜けた穴はまだまだ埋め切れているとは言い難く、野手の指名にもう少し重きを置く必要があるのは明らかである。昨年のドラフトでは佐々木泰、渡邉悠斗と２人の強打者タイプを獲得したが、それだけでは十分とは言えない。今後もＦＡ権を取得する選手が多く控えているのも不安材料だけに今年以降も積極的に将来の中軸候補を狙っていく必要があるだろう。

▼2025年 広島東洋カープ 年齢構成早見表

※2025年2月1日現在。
年齢は2025年の誕生日時。

年齢	投手		捕手		内野手		外野手	
	右投げ	左投げ	右打ち	左打ち	右打ち	左打ち	右打ち	左打ち
40								松山竜平
39								
38								
37			會澤 翼					秋山翔吾
36						田中広輔		
35					上本崇司 菊池涼介			
34	大瀬良大地				堂林翔太			
33	中﨑翔太		磯村嘉孝					
32					山足達也			野間峻祥
31		ハーン						
30	ケムナ誠	床田寛樹						
29	栗林良吏 ドミンゲス 島内颯太郎						末包昇大	大盛 穂
28	森下暢仁 鈴木健矢	塹江敦哉					中村健人	宇草孔基
27	益田武尚 アドゥワ誠	森浦大輔 森 翔平 高橋昂也 長谷部銀次	石原貴規	坂倉将吾	モンテロ	矢野雅哉	ファビアン	
26	大道温貴 松本竜也 遠藤淳志	黒原拓未					中村奨成	
25						羽月隆太郎 小園海斗 林 晃汰	久保 修	中村貴浩
24	常廣羽也斗 赤塚健利 河野 佳	髙 太一 滝田一希 玉村昇悟		持丸泰輝		韮澤雄也 佐藤啓介		
23	岡本 駿	佐藤柳之介			佐々木泰 渡邉悠斗 二俣翔一			
22			髙木翔斗					田村俊介
21	斉藤優汰 日髙暖己			清水叶人	内田湘大			
20					仲田侑仁			
19								
18	菊地ハルン							

先発投手の大瀬良大地が完全にベテランと言える年齢となったが、それ以外の主力は25〜30歳の中堅の層が厚く、若手にもここから成長が期待できそうな有望株が多い。現時点での総合力も将来性もリーグでは屈指の顔ぶれと言えるだろう。ただFAで移籍する選手は伝統的に多く、森下暢仁もメジャー志向が強いと見られるだけに、いかに若手を早期に戦力化するかが重要だろう。一方の野手は秋山翔吾、菊池涼介、野間峻祥など主力にベテランが多く、中堅の年代でレギュラーが少ない。小園海斗、矢野雅哉に続くレギュラーの確立が急務だ。

投手

先発、リリーフともに充実も、若手の底上げに期待

昨年は9月に大きく失速したものの、それでもチーム防御率は巨人、阪神と大差のないリーグ3位の数字を残した。先発は床田寛樹、森下暢仁、大瀬良大地と実績のある3人が健在で、アドゥワ誠、玉村昇悟の若い2人も成績を伸ばしている。リリーフも抑えの栗林良吏がオフに右ひじの手術を受けたのは気がかりだが、島内颯太郎、黒原拓未、森浦大輔、塹江敦哉、ハーンなど層の厚さが目立つ。8年連続で100回以上を投げていた九里亜蓮が抜けても十分に戦えるだけの選手は揃っていると言えるだろう。

ただ年齢構成表でも触れたが、主力選手がメジャーや他球団に移籍することが多いというのが広島の宿命と言える。そうなると今年だけではなく、来年以降を考えて先発もリリーフも次の主力となれそうな選手を引き上げておく必要があるだろう。ただその候補となる楽しみな若手が多いというのも広島投手陣の強みだ。具体的には常廣羽也斗、高太一、滝田一希、斉藤優汰、日高暖己などの名前が挙がる。中でもともにドラフト1位で入団した常廣と斉藤は将来のエースとして期待が高い好素材だ。この2人が今年の間に一軍の戦力として目途が立てば、チームの将来も一気に明るくなるだろう。

野手

中軸の確立と世代交代が大きな課題

昨年のチーム打率、チーム本塁打数はいずれもリーグ最下位。シーズンで100安打以上を放った選手は6人を数えたものの、二桁本塁打を記録したのは坂倉将吾（12本）だけで、長打力不足が大きな課題である。昨年は小園海斗を4番として最も多く起用したが、どう考えてもリードオフマンタイプであり、苦肉の策という印象は否めなかった。

加えて気になるのがレギュラーの高齢化だ。年齢構成表でも触れたが、センターラインを任せられている秋山翔吾、菊池涼介は完全にベテランと言える年齢となり、小さな怪我やコンディション不良も多くなっている。會澤翼、堂林翔太、田中広輔、上本崇司なども力が落ちている印象は否めない。ショートに矢野雅哉が定着したのはプラスだが、どのポジションも不安が多い陣容となっている。

今年以降のキーマンとなるのが末包昇大、田村俊介、そしてルーキーの佐々木泰の3人だ。末包は調子の波と故障の多さが課題だが、外国人選手のようなパワーは大きな魅力。そこに田村、佐々木の2人が加わってくれれば中軸の形はある程度見えてくる。昨年一軍デビューを果たした内田湘大、仲田侑仁なども積極的に抜擢してもらいたい。

▼広島東洋カープ 2024年個人投手成績

選手名	勝利	敗戦	S	H	防御率	奪三振率	与四球率	K／BB	WHIP
床田寛樹	11	9	0	0	2.48	5.12	2.59	1.98	1.31
大瀬良大地	6	6	0	0	1.86	5.69	2.85	2.00	1.08
森下暢仁	10	10	0	0	2.55	5.82	1.72	3.38	1.09
九里亜蓮	7	10	0	0	3.21	6.49	1.98	3.28	1.09
アドゥワ誠	6	4	0	0	3.13	5.16	2.45	2.10	1.23
玉村昇悟	4	5	0	0	2.96	6.87	1.30	5.27	1.16
栗林良吏	0	6	38	12	1.96	10.64	2.62	4.06	0.89
島内颯太郎	11	6	0	24	2.77	8.62	4.39	1.96	1.27
森浦大輔	2	0	0	17	2.51	8.29	5.21	1.59	1.44
黒原拓未	4	3	0	3	2.11	10.11	3.02	3.35	1.01
塹江敦哉	2	0	0	16	1.58	8.55	3.60	2.38	1.38
ハーン	0	1	2	17	1.29	6.69	1.80	3.71	0.71
矢崎拓也	1	1	0	10	3.60	6.12	4.68	1.31	1.40
中﨑翔太	1	1	0	3	1.96	6.26	0.78	8.00	1.13
コルニエル	0	0	0	0	2.65	7.41	3.71	2.00	1.29
河野 佳	0	0	1	0	2.16	9.18	2.16	4.25	1.44

▼広島東洋カープ 2024年個人打撃成績

選手名	打率	本塁打	打点	得点圏	出塁率	長打率	OPS	得点	盗塁	失策
小園海斗	.280	2	61	.341	.322	.330	.651	52	13	15
秋山翔吾	.289	4	30	.278	.328	.351	.679	60	6	0
菊池涼介	.241	9	38	.193	.281	.342	.623	27	2	7
矢野雅哉	.260	2	38	.305	.322	.333	.655	45	13	12
坂倉将吾	.279	12	44	.253	.328	.412	.740	43	3	6
野間峻祥	.271	1	28	.260	.350	.340	.690	40	8	1
末包昇大	.238	9	37	.284	.283	.381	.664	22	1	3
堂林翔太	.230	1	17	.207	.277	.295	.572	15	0	3
會澤 翼	.187	0	13	.235	.233	.227	.459	9	0	0
上本崇司	.209	0	7	.182	.255	.225	.480	16	0	1
石原貴規	.230	3	11	.167	.284	.352	.636	11	0	1
二俣翔一	.196	1	7	.192	.259	.262	.520	7	1	2
田中広輔	.156	2	7	.227	.231	.240	.471	5	1	2
田村俊介	.198	0	5	.143	.229	.267	.496	4	1	1
松山竜平	.178	1	10	.171	.218	.274	.492	2	0	0
宇草孔基	.242	3	8	.286	.306	.409	.715	10	3	0

ファーム

若手抜擢の機運は高く、今後数年が重要

12球団で唯一FAでの補強実績がなく、基本的に自前で獲得した選手を育てて戦ってきているだけに、ファームはある程度機能している印象を受ける。投手は外国人選手のハッチ、昨シーズン限りで引退した野村祐輔以外は軒並み若い選手が多くイニングを投げており、森翔平、遠藤淳志の2人は他球団であればもっと一軍で起用されていた可能性も高い。加えて大学卒ルーキーの杉田健、常廣羽也斗、高太一、滝田一希も積極的に起用されて経験を積み、育成選手の杉田以外の3人はシーズン終盤に一軍デビューを果たしている。将来に向けての備えはある程度できていると言えそうだ。

一方の野手も投手ほどではないが、若手を育てようとしている意識は感じられる。二軍でチーム最多安打を記録した佐藤啓介は育成ドラフト出身で、結果を残したことで1年目から支配下契約を勝ち取った。また高校卒2年目の内田湘大も打率は低いものの、多くの打席を経験して昨年よりも成績を伸ばしている。ただ投手と比べると、二軍である程度経験を積んでもなかなか一軍に定着できない選手が目立つのも事実だ。その象徴的な存在が林晃汰である。プロ3年目の2021年には10本塁打を放ってブレイクしたかに見えたが、

▼2024年ファーム個人投手成績

選手名	勝利	敗戦	S	H	防御率	奪三振率	与四球率	K／BB	WHIP
森 翔平	4	6	1	0	2.44	8.25	1.59	5.18	1.21
遠藤淳志	5	2	0	0	1.74	5.91	2.90	2.04	1.07
ハッチ	5	4	0	0	2.36	5.72	1.62	3.54	1.00
滝田一希	1	2	0	0	2.95	6.54	6.33	1.03	1.50
杉田 健	2	5	0	0	3.12	5.97	2.86	2.09	1.18
常廣羽也斗	2	6	0	0	3.96	6.50	3.39	1.92	1.49

▼2024年ファーム個人打撃成績

選手名	打率	本塁打	打点	得点圏	出塁率	長打率	OPS	得点	盗塁	失策
佐藤啓介	.288	4	33	-	.366	.363	.729	40	11	15
内田湘大	.232	4	31	-	.271	.318	.588	31	0	16
韮澤雄也	.260	2	31	-	.324	.320	.644	22	2	10
林 晃汰	.270	5	35	-	.327	.404	.731	24	1	7
中村貴浩	.264	0	22	-	.331	.302	.633	27	2	2
中村奨成	.278	8	32	-	.324	.474	.798	37	6	2

その後は結果を残せずに低迷。昨年も二軍暮らしが続いた。同学年の小園海斗のように順調にステップアップしていれば、昨年の貧打もだいぶ解消されたはずである。昨年3月の侍ジャパンの強化試合に招集された田村俊介も、開幕からしばらくはスタメンで起用されていたが、結果を残せずに早々に二軍に降格。高い期待に応えることができなかった。チーム打撃成績を見ても、一軍のレギュラー陣の壁がそこまで高いわけではなく、丸佳浩、鈴木誠也、西川龍馬と主力が次々と移籍していることを考えると、これまでにもチャンスはあったはずだ。なかなか我慢して抜擢しきれない首脳陣にも問題はあるが、野手の育成についてはあらゆる面を見直す必要があるのではないだろうか。

戦力チャート

投手は先発、リリーフとも強力で、若手も楽しみな存在が多い
打線は外国人選手が機能しないと今年も苦戦の可能性大

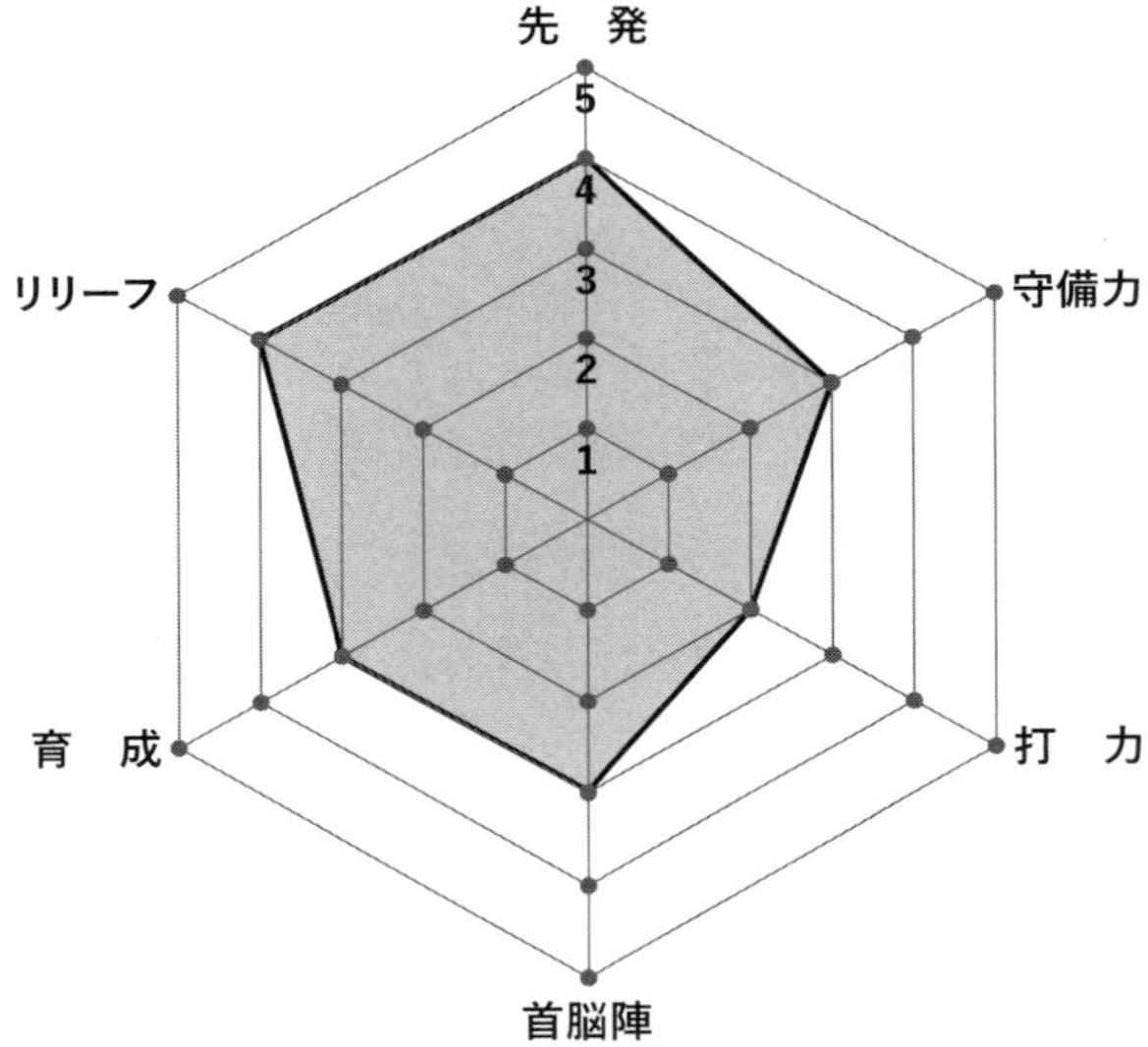

先発、リリーフともに実績のある投手が揃い、また主力の年齢もそこまで高くないことから今年もチームの大きな強みとなりそうだ。斉藤優汰、常廣羽也斗、ルーキーの佐藤柳之介などさらに上積みも期待できる。一方の野手は得点力不足が大きな課題。シーズンオフには早々に新外国人選手を獲得したが、昨年のように機能しないことも十分に考えられる。安定して長打が期待できる選手が不足しているだけに、今年も何とか守り切って勝つパターンが多くなりそうだ。

首脳陣分析　世代交代を進められるかが大きなポイント

就任1年目の一昨年は4年連続Bクラスのチームを2位へと引き上げた新井貴浩監督。しかし昨年は8月まで優勝争いを演じながら、9月に急失速して4位に沈んだ。選手への不満を口にせず、喜びを前面に出す振る舞いなど、モチベーターとしての手腕は高く評価できるが、戦力の引き上げは十分とは言えない。今年は野手の世代交代を進められるかに注目だ。

2位・モイセエフ・ニキータ（写真はアマチュア時代、著者提供）

東京ヤクルトスワローズ

TOKYO YAKULT SWALLOWS

2024チーム成績

62勝77敗4分（セ5位）

2024チーム勝率

.446

得点	506点（セ2位）	失点	556点（セ6位）		
本塁打	103本（セ1位）	盗塁	67個（セ2位）		
打率	.243（セ4位）	防御率	3.64（セ6位）	失策	69個（セ4位）

2024観客総動員 199万8846人（9位）

2024チーム総年俸 42.5億円（3位）

1位

スピードはプロでも上位の本格派右腕

中村優斗［21］

―投手―愛知工業大―

高校、大学を通じて全国大会の出場経験はないものの、最初の入札で1位指名という高い評価を得た。その最大の要因はストレートのスピードだ。よく最速150キロと言われても〝瞬間最大風速〟のケースが多いが、中村は毎試合155キロ前後をコンスタントにマークする。昨年3月に招集された侍ジャパントップチームの強化試合でも投じたストレートの全てが155キロを超えていた。加えて評価を上げたのが安定したコントロールだ。リーグ戦での1試合あたりの与四死球は2個以下であり、しっかりストライクゾーンに投げ切ることができている。またスライダー、カットボール、フォークなどの変化球も腕を振って低めに集め、三振を奪う能力も高い。1年春から4年秋まで一度も長期離脱することがなく、投げ続けてきたというタフさも魅力だ。

一方でこれだけのスピードとコントロールがありながら、目玉という評価にならなかったのは不安要素もあるからだ。まず課題になるのが投げる以外のプレー、特にフィールディングでの送球である。大学日本代表での練習試合でも抑えで登板し、ホームへの悪送球でサヨナラ負けを喫することもあった。プロは弱点があれば徹底的に突いてくるだけに改善が必要だろう。もうひとつは試合途中まで凄いピッチングを見せながら勝ち切れないケースが多い点だ。大学の4年間でも通算成績は16勝18敗と負け越している。タイミングのとりやすいフォームで、リズムが単調になりやすく、勝負所で制球が甘くなることも多い。もう少し投球術とフォームを見直す必要もありそうだ。

それでもボールの力に関しては今年指名された選手の中でも屈指であることは間違いない。チームは慢性的な投手不足に苦しんでおり、単独指名で狙った戦略も理解できる。早く活躍するならリリーフのように見えるが、ヤクルトであれば先発を任せられる可能性は高く、まずは勝ち負けよりもしっかりイニング数を稼いでくれることを期待したい。

ストロングポイントである豪速球を武器に、プロの舞台でも活躍が期待される。（写真：著者提供）

2位

高校球界を代表する強打の外野手

モイセエフ・ニキータ［18］

―外野手―
―豊川高―

ロシア出身の両親を持つ強打の外野手。春の選抜高校野球で低反発の金属バットでは初となる甲子園でのホームランを放って話題となったが、それ以上にインパクトが強かったのが2年秋に明治神宮大会で放った一発である。打った瞬間は高く上がり過ぎたように見えた打球はそのまま落ちることなくライトスタンドに着弾したのだ。ヘッドスピードとインパクトの強さは相当なものがあることは間違いないだろう。また強打のイメージが強いが、ミート力も高く、厳しいマークの中でも結果を残し続けたのは見事という他ない。

課題となるのが打つ以外の部分だ。足と肩はプロでは水準以下であり、特にスローイングは不安定な印象を受ける。上のレベルでは捕球から送球の動きやコントロールを鍛える必要があるだろう。それでも長打力と確実性を兼ね備えたバッティングは大きな魅力だ。今シーズン終了後には主砲の村上宗隆のメジャー移籍も有力視されているだけに、早くから二軍で積極的に起用し、数年後の主力候補として鍛えてもらいたい。

DRAFT 2024

3位

即戦力として期待されるリリーフ左腕

荘司宏太［24］

—投手—セガサミー—

駿台甲府時代から県内では評判のサウスポーだったものの国士舘大ではなかなか結果を残せず、チームも東都二部で低迷。それでも貴重な本格派左腕ということでセガサミーに進むと、リリーフとして活躍を見せて3位という高い評価での指名となった。172cmと上背はないものの、年々体格はたくましくなっており、高い位置から投げ下ろす145キロを超えるストレートは威力も角度も申し分ない。そして最大の武器はブレーキ抜群のチェンジアップだ。ストレートと変わらない腕の振りで打者の手元で急激に沈み、スピードと変化の大きさにもバリエーションがある。社会人の強打者でも腰が砕けたような空振りを喫することも珍しくなかった。一方で気になるのは制球面だ。少し上半身の強いフォームでリリースが安定せず、四死球で自らピンチを招くことも多い。投手陣が苦しいチーム事情的にも1年目からリリーフとして一軍定着が期待されるが、そのためにも確実にカウントをとれる変化球を身につけることが重要になるだろう。

4位

スケールの大きさが魅力のショート

田中陽翔［18］

―内野手―健大高崎高―

ロッテとヤクルトで投手として活躍した田中充を父に持ち、中学野球の強豪として知られる東練馬リトルシニア時代から評判の大型ショート。全国から有望な選手が集まる健大高崎でも早くからレギュラーとなると、膝の故障に苦しんだ時期はあったものの最終学年は中心選手としてチームの選抜高校野球優勝にも大きく貢献した。１８３㎝の長身でも動きに軽快さがあり、プレーする姿に見栄えがあるのが魅力だ。打撃も3年夏の群馬大会では2本のホームランを放つなど、長打力も備えている。

気になるのが守備での細かいプレーだ。捕球する位置が安定せず、送球する時にも無駄なステップが多くなるケースが目立つ。脚力と肩で何とかカバーしているものの、基本的な捕球と送球動作を見直す必要がありそうだ。チームのショートにはまだ若い長岡秀樹が不動のレギュラーとして大きく成長しているだけに、打撃を伸ばしながら他のポジションの適性についても探ってもらいたい。

DRAFT 2024

5位

独立リーグで成長した実戦派の捕手

矢野泰二郎［22］

―捕手―愛媛マンダリンパイレーツ―

済美高校では1年夏に甲子園に出場しているが、当時はベンチ入りしていない。2年秋から正捕手となり、卒業と同時に地元の独立リーグである愛媛へと進んだ。最初の3年間は特に目立った成績を残しておらず、スカウトの間でも名前を聞くことはなかったが、4年目の昨年は攻守ともに大きく成長。シーズンを通して正捕手として3割を超える打率を残し、支配下での指名を勝ち取った。

印象に残っているのが昨年9月に行われた独立リーグのグランドチャンピオンシップ、対石川戦でのプレーだ。守備では4人の投手の良さを引き出して相手打線を2点に抑え、打っても同点の2点タイムリーを放つ活躍を見せた。肩もパワーも突出しているわけではないが、4年間独立リーグで多くの試合を経験し、着実にレベルアップしてきたという点は高く評価されたポイントだ。次の正捕手候補と見られていた内山壮真が怪我に苦しんでいるだけに、1年目から二軍でアピールして早期の一軍昇格を目指したい。

育成

育成1位
根岸辰昇
内野手／ノースカロライナA&T州立大

育成2位
廣澤 優
投手／愛媛マンダリンパイレーツ

育成3位
下川隼佑
投手／オイシックス

育成4位
松本龍之介
捕手／堺シュライクス

3人が23歳以上。年齢的に早期戦力化が期待される顔ぶれ

育成ドラフトでは2020年と並んで過去最多タイとなる4人の選手を指名。ただ育成4位の松本を除く3人が23歳以上となっており、何年もかけて育てるというよりも、一軍で使える目途が立てば早期の支配下登録も考えられる。

育成1位で指名された根岸は慶応高校で3年夏に甲子園に出場し、チームは初戦で高知商に敗れたものの5番打者として2安打を放っている。当時はプロから注目されるような選手ではなく、卒業後はアメリカの大学に進学。昨年はアメリカの大学で最高レベルのリーグで結果を残し、逆輸入という形でNPB入りを果たした。体格は高校時代とは見違えるほど大きくなっており、映像を見る限り無理なく強い打球を放っている。守備は未知

数だが高校時代はセンターも守っていただけに、打撃をアピールしながら外野にも挑戦するのが多くの出番を得る近道となりそうだ。

育成2位の廣澤は日大三時代から評判の大型右腕。社会人では結果を残せず昨年NPB入りを目指して独立リーグの愛媛に移籍し、1年でドラフト指名を勝ち取った。長いリーチを生かした豪快な腕の振りで、好調時のストレートは150キロを超える。一方で制球はかなりアバウトで、安定感は課題だ。年齢の割に完成度は低いが、スケールの大きさは魅力なだけに、まずは短いイニングで結果を残したい。

育成3位の下川は最近では珍しいアンダースロー。一昨年までは独立リーグ、昨年はNPBファームで結果を残して念願のドラフト指名を受けた。アンダースローながらストレートは130キロを超えることも多く、浮き上がるボールは威力十分。先発、リリーフの両方で豊富な経験を持つのも強みだ。今年で25歳となるだけに、1年目からアピールして早期の支配下登録を目指したい。

育成4位の松本は高校から関西独立リーグに進んで2年で指名を受けた捕手。強肩と俊足が持ち味で、昨年は圧倒的な成績を残した。関西独立リーグは四国やBCリーグと比べるとレベルが落ちるだけに最初は苦労しそうだが、今年で20歳と若いだけにしっかり鍛えてまずは二軍での出場機会を増やしたい。

過去ドラフト通信簿

55点

▶2022

1位 **吉村貢司郎**（投手／東芝）
2位 **西村瑠伊斗**（外野手／京都外大西高）
3位 **澤井 廉**（外野手／中京大）
4位 **坂本拓己**（投手／知内高）
5位 **北村恵吾**（内野手／中央大）

▶2023

1位 **西舘昂汰**（投手／専修大）
2位 **松本健吾**（投手／トヨタ自動車）
3位 **石原勇輝**（投手／明治大）
4位 **鈴木 叶**（捕手／常葉大附属菊川高）
5位 **伊藤琉偉**（内野手／新潟アルビレックスBC）

投手を多く指名も成果は乏しい

2021年と2022年はセ・リーグ連覇を達成するも、過去2年は5位と低迷。特に指摘されることが多いのが投手力の弱さで、投手成績は毎年リーグ下位に沈んでいる。それを解消すべく、近年も多くの投手を上位で指名しているが、十分な戦力になっているのはセットアッパーの木澤尚文と、昨年9勝をマークした吉村貢司郎くらいしか見当たらない。下位指名の投手まで対象を広げても、2019年4位の大西広樹が加わるだけである。特に気になるのが故障者の多さだ。エース候補として期待されていた奥川恭伸を筆頭に、山野太一、山下輝、西舘昂汰などが揃って長期離脱を経験。二軍の環境にも問題はありそうだが、元々故障を抱えていた投手を指名しているこ

▶2019

1位 奥川恭伸（投手／星稜高）
2位 吉田大喜（投手／日本体育大）
3位 杉山晃基（投手／創価大）
4位 大西広樹（投手／大阪商業大）
5位 長岡秀樹（内野手／八千代松陰高）
6位 武岡龍世（内野手／八戸学院光星高）

▶2020

1位 木澤尚文（投手／慶應義塾大）
2位 山野太一（投手／東北福祉大）
3位 内山壮真（捕手／星稜高）
4位 元山飛優（内野手／東北福祉大）
5位 並木秀尊（外野手／獨協大）
6位 嘉手苅浩太（投手／日本航空石川高）

▶2021

1位 山下 輝（投手／法政大）
2位 丸山和郁（外野手／明治大）
3位 柴田大地（投手／日本通運）
4位 小森航大郎（内野手／宇部工業高）
5位 竹山日向（投手／享栄高）

とも多い。そういう反省が昨年の中村優斗の1位指名に繋がったとも言えそうだ。

これだけ投手を上位で優先的に指名していれば、当然野手でアマチュア時代に評価が高かった選手は少なくなる。過去5年に指名した選手でレギュラークラスと言えるのは長岡秀樹だけ。そもそも2位以上で指名したのが丸山和郁と西村瑠伊斗の2人だけということを考えると、この結果も当然と言える。2010年の山田哲人、2017年の村上宗隆は1位指名で大看板となったが、ともに抽選で外れた末に指名した選手であり、決して褒められたものではない。

ファームの施設を2027年にリニューアルすることが発表され、育成に対するテコ入れの意欲は感じられるが、近年の指名を見ても成功しているとは言い難いだけに、あらゆる面でスカウティングの見直しが必要なことは間違いないだろう。

▼2025年 東京ヤクルトスワローズ 年齢構成早見表

※2025年2月1日現在。
年齢は2025年の誕生日時。

年齢	投手		捕手		内野手		外野手	
	右投げ	左投げ	右打ち	左打ち	右打ち	左打ち	右打ち	左打ち
45		石川雅規						
44								
43								
42								
41								
40								
39								
38						川端慎吾		
37	石山泰稚							
36								
35	小川泰弘		中村悠平					
34	高梨裕稔							
33					山田哲人 オスナ		サンタナ	西川遥輝
32	原 樹理		松本直樹				塩見泰隆	
31	星 知弥 矢崎拓也					茂木栄五郎		
30	バウマン 宮川 哲	田口麗斗 山本大貴			北村拓己	宮本 丈		
29	清水 昇							
28	ランバート 大西広樹	高橋奎二						岩田幸宏 太田賢吾
27	木澤尚文 吉村貢司郎 小澤怜史 丸山翔大	長谷川宙輝	古賀優大					
26	松本健吾 金久保優斗 阪口皓亮	山下 輝 山野太一					増田 珠 並木秀尊	丸山和郁
25		荘司宏太		橋本星哉	赤羽由紘 北村恵吾	村上宗隆	濱田太貴	澤井 廉
24	奥川恭伸	石原勇輝				長岡秀樹 武岡龍世		
23			内山壮真 矢野泰二郎 中川拓真		伊藤琉偉			
22	中村優斗 竹山日向							
21		坂本拓己				西村瑠伊斗		
20								
19			鈴木 叶			田中陽翔		モイセエフ

一部に若手の有望株はいるものの、主力選手は全体的に高齢化が進んでおり、危険な状況と言う印象が強い。投手では長年チームを支えてきた小川泰弘、石山泰稚の２人が揃ってベテランとなり、それ以外の主力も20代後半に偏っている。野手も山田哲人、オスナ、サンタナの３人が揃って30歳を超え、今シーズンのオフにメジャー移籍が濃厚と見られる村上宗隆を除くと、若手でレギュラーと言えるのは長岡秀樹だけという状況だ。投手では奥川恭伸、野手では澤井廉あたりが一軍に定着しないと来年以降はますます苦しくなる可能性が高い。

投手

1位の中村に期待も。先発、リリーフとも不安多い

チーム防御率、チームホールド数、チームセーブ数はいずれもリーグ最下位。規定投球回数に到達した選手は1人もいない。さらに問題なのはこの状態が長年続いているということだ。過去5年を振り返っても規定投球回に到達したのは小川泰弘だけで、その小川も昨年は大きく成績を落とした。小川に代わる新エース候補は吉村貢司郎で、2年目の昨年は大きく成績を伸ばしたが、それに続く投球回を記録したヤフーレ、サイスニードが揃って退団となり、さらに苦しい状況となった。先発投手陣の上積みとして期待されるのがドラフト1位の中村優斗だが、冒頭の選手紹介でも触れたように1年目から貯金を作ることは期待しづらい。今年も先発のコマ不足に苦労する可能性は高い。

リリーフも先発に比べると成績は悪くないが、それでも楽観できるような状態ではない。チーム最多セーブは小澤怜史でわずか11。一昨年抑えを任せられていた田口麗斗も大きく成績を落としている。中継ぎでは大西広樹がフル回転の活躍を見せたが、それ以外は成績を落としている選手が目立つ。実績のある今野龍太を金銭トレードで楽天に放出したのも疑問だ。上位を狙うには何かしらの補強は必要不可欠な状況と言えるだろう。

野手

外国人選手への依存度の高さが大きな不安

昨年のチーム得点はリーグ2位、チーム本塁打数はリーグ1位を記録。今年だけを見ればある程度の得点力は期待できる。何よりも大きいのが主砲の村上宗隆、外国人選手のサンタナ、オスナと安定して長打が期待できる選手が3人揃っているところだ。加えてまだ若い長岡秀樹も昨年は最多安打のタイトルを獲得し、守備面でも成長を見せている。外国人野手とショートに苦労している球団も多いだけに、この点はヤクルトの大きな強みと言える。ただそのアドバンテージも決して長く続くものではない。村上は今シーズン限りのメジャー移籍が濃厚と見られており、外国人選手の2人も年齢を考えるとここから成績が下がる可能性は高い。本来なら山田哲人が打線の核となるべき存在だが、過去5年で中軸として十分な成績を残したのは2021年だけで、過去2年は100安打にも到達できていないことを考えると大きな期待はかけづらい。

他にも捕手の中村悠平の後釜、青木宣親と山崎晃大朗が引退して塩見泰隆が成績を大きく落としている外野陣など課題は山積みだ。サンタナ、オスナの外国人選手2人は大きな強みだが、彼らへの依存度をいかに低くできるかが今後の大きなテーマとなるだろう。

▼東京ヤクルトスワローズ 2024年個人投手成績

選手名	勝利	敗戦	S	H	防御率	奪三振率	与四球率	K/BB	WHIP
吉村貢司郎	9	8	0	0	3.19	7.42	2.54	2.92	1.32
サイスニード	2	8	0	0	5.03	6.67	2.33	2.87	1.49
ヤフーレ	5	10	0	1	3.34	5.85	2.99	1.95	1.34
高橋奎二	8	9	0	1	3.58	8.25	2.96	2.79	1.33
小川泰弘	2	5	0	0	4.65	5.81	1.16	5.00	1.34
山野太一	3	4	0	0	6.08	5.72	2.15	2.67	1.41
石川雅規	1	4	0	0	4.10	2.41	1.45	1.67	1.37
大西広樹	9	1	1	23	1.34	4.62	1.79	2.58	1.08
木澤尚文	3	3	5	16	3.06	7.81	3.40	2.30	1.32
山本大貴	3	0	1	12	1.42	8.81	4.26	2.07	1.04
田口麗斗	1	4	7	13	2.94	5.88	2.41	2.44	1.28
小澤怜史	6	6	11	2	2.55	7.65	2.67	2.87	1.12
石山泰稚	1	0	5	8	4.35	8.49	3.05	2.79	1.62
星 知弥	1	0	1	2	3.62	7.96	4.34	1.83	1.47
ロドリゲス	1	1	1	8	1.80	8.80	2.40	3.67	1.16
丸山翔大	1	0	0	5	0.57	6.61	2.59	2.56	1.02

▼東京ヤクルトスワローズ 2024年個人打撃成績

選手名	打率	本塁打	打点	得点圏	出塁率	長打率	OPS	得点	盗塁	失策
長岡秀樹	.288	6	58	.322	.324	.367	.692	63	4	9
村上宗隆	.244	33	86	.273	.379	.472	.851	82	10	15
オスナ	.267	17	72	.293	.320	.414	.733	54	0	11
サンタナ	.315	17	70	.324	.399	.506	.905	57	2	4
山田哲人	.226	14	39	.229	.306	.397	.704	38	1	5
西川遥輝	.260	1	24	.275	.350	.325	.675	43	10	3
中村悠平	.237	0	23	.286	.315	.268	.583	16	0	2
丸山和郁	.241	0	12	.264	.312	.277	.589	30	4	3
宮本 丈	.259	0	6	.250	.313	.279	.591	12	1	0
武岡龍世	.177	3	9	.231	.234	.277	.511	16	1	1
松本直樹	.269	1	11	.357	.288	.343	.631	5	1	1
岩田幸宏	.228	1	7	.263	.275	.268	.543	19	10	0
青木宣親	.229	0	9	.162	.287	.271	.558	9	2	1
塩見泰隆	.267	3	8	.235	.336	.386	.722	15	3	0
増田 珠	.207	2	6	.250	.255	.315	.570	8	0	0
赤羽由紘	.241	2	6	.188	.262	.379	.642	4	4	0

ファーム

若手投手は壊滅的な状況で全体的にも機能不全

過去のドラフトのところでも触れたが、ファームでも気になるのがやはり投手が育っていないという点だ。昨年の二軍で投球回数上位の選手を並べると阪口皓亮、沼田翔平、高梨裕稔という他球団からの移籍組が顔を揃えている（沼田は育成選手）。将来的に主力として期待される選手である程度の成績を残しているのはドラフト2位ルーキーの松本健吾だけで、その松本も今年で26歳と既に若手とは呼べない年齢となっている。故障者が多いのも悪しき伝統となっており、アマチュア時代よりもスピードが大きく落ちている投手も多い。長く主力として活躍してきた石川雅規、小川泰弘、石山泰稚などは即戦力として1年目から活躍してきた選手であり、ここまでファームから投手が育っていないというのはやはり深刻な問題である。

一方の野手は投手と比べると二軍の成績上位者に若手が多く、西村瑠伊斗、伊藤琉偉などは今後が楽しみな好素材である。ただ成績自体を見ると決して褒められた数字ではなく、まだまだ開花までに時間がかかることが予想される。そんな中で比較的早く一軍の戦力として期待できそうなのが今年3年目の澤井廉だ。1年目にはイースタン・リーグでトップ

▼2024年ファーム個人投手成績

選手名	勝利	敗戦	S	H	防御率	奪三振率	与四球率	K／BB	WHIP
阪口皓亮	9	3	0	0	2.24	5.10	3.22	1.58	1.13
沼田翔平	4	5	0	0	4.26	5.28	3.96	1.33	1.45
高梨裕稔	3	6	0	0	3.32	7.89	2.53	3.13	1.33
原 樹理	4	4	0	0	3.44	2.45	2.13	1.15	1.29
山下 輝	3	5	1	0	5.89	3.76	2.95	1.28	1.45
松本健吾	4	2	0	0	2.49	6.93	1.95	3.55	1.30

▼2024年ファーム個人打撃成績

選手名	打率	本塁打	打点	得点圏	出塁率	長打率	OPS	得点	盗塁	失策
西村瑠伊斗	.226	0	26	-	.258	.280	.538	31	5	16
伊藤琉偉	.221	0	15	-	.299	.262	.561	19	11	19
橋本星哉	.261	7	42	-	.304	.395	.699	43	8	6
小森航大郎	.252	2	23	-	.301	.317	.618	40	24	10
濱田太貴	.241	4	35	-	.325	.343	.668	22	1	4
澤井 廉	.273	7	34	-	.344	.455	.798	27	1	2

となる18本塁打を放った大砲候補で、昨年は怪我で出遅れたものの9月には一軍で初ホームランも記録した。数少ない大砲候補であり、ポスト村上宗隆の一番手と言える存在だけに、今年は何とか一軍の戦力にしたいところだ。

野手にわずかな希望は見られるものの、全体的に見ればファームがかなり機能不全に陥っていることは確かだ。本拠地である戸田球場は河川敷で集中豪雨で度々水没しており、他球団と比べても施設面で大きく劣っている。ようやく2027年に茨城県守谷市にファームの新球場が開場するのはプラス要因だが、それまでに改善できることはまだまだあるはずだ。ハード面への設備投資はもちろんだが、それ以外にも指導体制などのソフト面についても見直すことが必要だろう。

戦力チャート

投手陣は先発もリリーフも12球団で最低レベルと言える状態
強みは強打者3人が揃う打線も、育成面には課題が残る

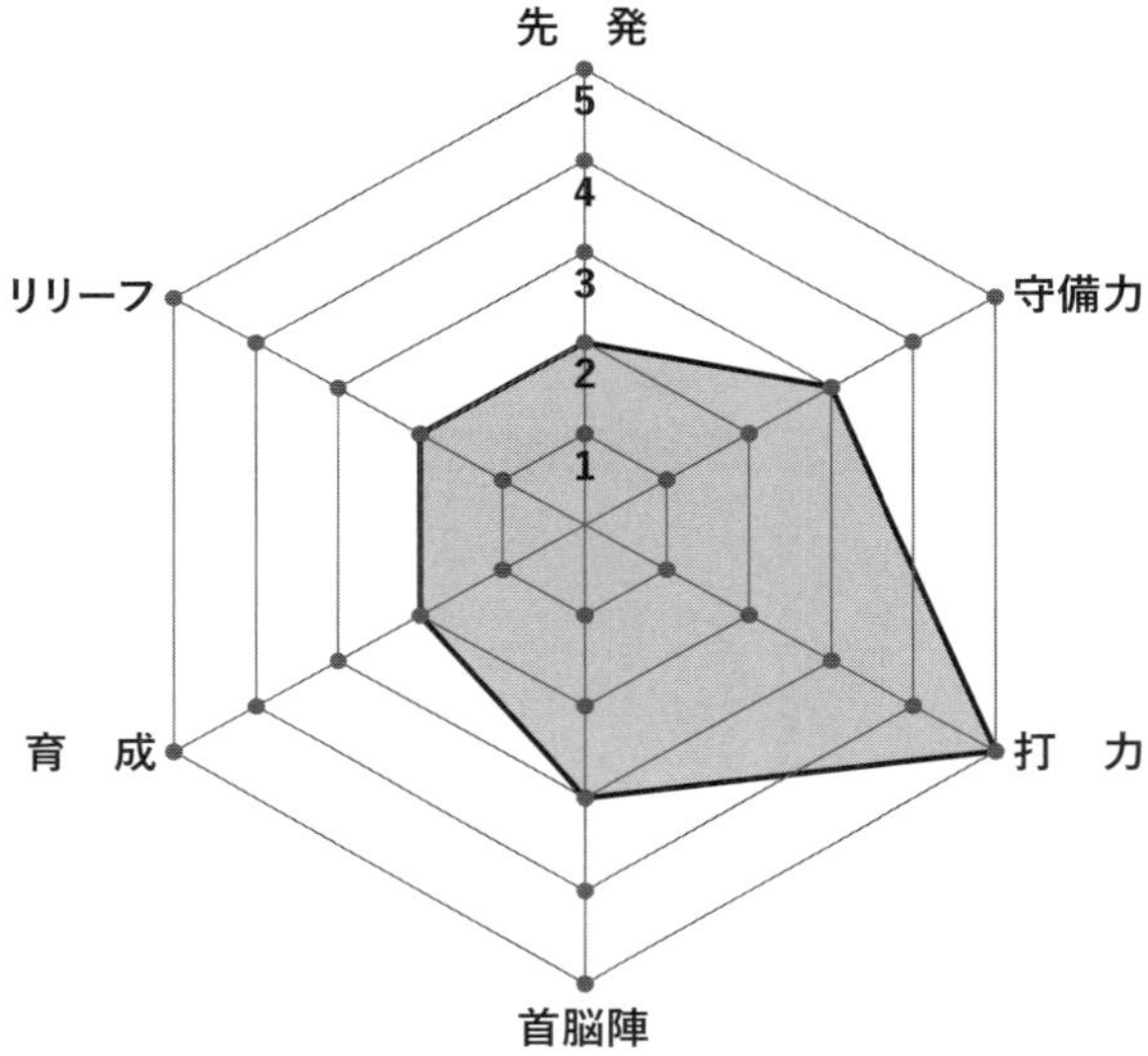

ある程度のイニング数を記録していた外国人の先発投手２人の退団で台所事情はさらに苦しくなった。計算できるのは吉村貢司郎だけで、ルーキーの中村優斗、昨年復活の兆しを見せた奥川恭伸が大活躍しても他球団に劣っている状況だ。リリーフも成績を上げることが期待できる選手は少ない。一方の打線はホームランを期待できる選手が３人揃い、今年も他球団に比べて強力だ。首脳陣は何とかやりくりしながら戦っており、ある程度の評価はできるものの、育成という点では課題は山積みという印象だ。

｜首脳陣分析｜ **高津政権6年目も浮上の期待は薄いか**

就任1年目は最下位、2年目からは連覇、4年目と5年目は5位とジェットコースターのような成績をたどっている高津ヤクルト。過去2年の成績を見れば続投は意外だったが、それだけ球団としても首脳陣以外に問題があることを認識しているはずだ。乏しい戦力でやりくりする上手さも限界のように見えるだけに、いかに若手を引き上げられるかが重要になる。

5位・高橋幸佑（写真はアマチュア時代、著者提供）

中日ドラゴンズ

CHUNICHI DRAGONS

2024チーム成績

60勝75敗8分（6位）

2024チーム勝率

.444

得点 373点（セ6位） 失点 478点（セ4位）

本塁打 68本（セ4位） 盗塁 40個（セ6位）

打率 .243（セ3位） 防御率 2.99（セ4位） 失策 68個（セ3位）

2024観客総動員 233万9541人（5位）

2024チーム総年俸 37.9億円（4位）

1位

過去20年でもNo.1の大学生左腕

金丸夢斗［22］

―投手―関西大―

2024年の投手の目玉と言える存在であり、4球団競合の末に井上一樹監督が当たりくじを引き当てた。特筆すべきはその安定感だ。リーグ戦通算49試合に登板して20勝3敗、通算防御率は0・83と圧倒的な数字を残している。春に腰を痛めた影響で最後のシーズンは大事をとってリリーフに回ったものの、3年秋から4年秋にかけて72回連続自責点0という驚異的な記録を残すなど、まさに無双状態だった。同じ関西学生野球リーグ出身で、プロでも先発として活躍している東克樹（立命館大→2017年DeNA1位）の通算19勝9敗、防御率0・93と比べても金丸の数字が上回っている。また昨年パ・リーグで新人王を獲得した武内夏暉（西武）と比べても大学4年時点での総合力は間違いなく金丸が上と言えるだろう。

最速154キロというスピードがまず紹介されることが多いが、それ以上に素晴らしいのが高い制球力だ。右打者に対しても左打者に対しても内角、外角のコーナーいっぱいに腕を振って速いボールを投げ込むことができており、勝負所でギアを上げた時のボールの勢いも素晴らしいものがある。さらにスライダー、フォーク、チェンジアップなどの変化球もストレートと変わらない腕の振りで操り、いずれも決め球として十分なボールだ。東や武内を引き合いに出したが、過去20年を振り返ってもここまで完成度とボールの力を高いレベルで備えた大学生左腕はいない。

もちろん期待されるのは即戦力としての活躍だ。唯一不安と言えるのは昨年春に痛めた腰の状態だが、無理をせずに早めに自ら離脱して、秋も短いイニングの登板にとどめたことは英断だった。チームは小笠原慎之介がポスティングシステムでMLB・ナショナルズに移籍し、大野雄大も力が落ちているだけに、左の先発ではいきなり一番手となりそうだ。体調さえ万全なら二桁勝利も十分に期待できるだろう。

歴史に残るプレーヤーになるとの声もあり、低迷するチームの起爆剤となるか。（写真：著者提供）

2位

吉田聖弥［22］

高卒4年目に急成長果たした社会人左腕

—投手—西濃運輸—

伊万里農林時代は全国的には無名の存在で、素材の良さが評価されて西濃運輸に進んだが入社から3年間は故障もあってほとんど結果を残すことができなかった。ところが4年目の昨年は春先から先発として結果を残すと、都市対抗予選では4試合に先発し、27回を投げて自責点0という見事なピッチングでチームを本大会出場に導いた。最大の特長は欠点らしい欠点がなく、美しいと形容したくなる投球フォームだ。バランス良く下半身でリードして楽に腕が振れ、本格派左腕ながら制球力も高い。打者の手元で鋭く変化するスライダー、ブレーキのあるチェンジアップも一級品だ。

一方で課題はスタミナ面が挙げられる。社会人でも活躍したのは昨年だけで、夏場以降は調子を落とし、9月に行われた日本選手権予選では2試合続けて2回を持たずに降板となった。社会人にしては体つきもまだ細いだけに、フィジカル面の強化が重要となる。まずは二軍で鍛えながら実戦経験を積み、2年目からの一軍定着を目指したい。

DRAFT 2024

3位

森 駿太 ［18］

神奈川を代表する左の大型打者

―内野手―桐光学園高―

神奈川県内では早くから注目を集めていた大型内野手。1年夏には早くもクリーンアップを任されると、2年春には横浜のエースだった杉山遥希（現・西武）からも特大の一発を放つなどの活躍を見せた。190㎝近い長身とたくましい体格を生かした豪快なフルスイングが持ち味で、遠くへ飛ばす力は高校生でもトップクラスだ。3年春の県大会でも低反発になった新基準の金属バットの影響を感じさせないホームランを放って見せた。

一方で課題となるのは守備面だ。本職はショートだったが、細かいステップとスローイングが課題で2年秋にはファースト、3年夏にはサードとなかなかポジションが定まることがなかった。ピッチャーも兼任していたこともあって肩の強さはあるものの、適性を見極めるところからのスタートになりそうだ。それでもこれだけ飛ばす力のある打者は貴重であり、チームに左の強打者タイプがいないのも森にとっては追い風である。課題の守備を鍛えながら打撃でアピールして、まずは二軍の定位置獲得を目指したい。

4位

即戦力期待の強肩捕手

石伊雄太［24］

―捕手―日本生命―

社会人ナンバーワンの呼び声高いディフェンスタイプのキャッチャー。近大高専時代は全く無名の存在だったが、近大工学部で力をつけて注目される存在となり、日本生命を経てプロ入りを勝ち取った。地肩の強さに加えてフットワークの良さも備えており、プレースタイルは日本生命の先輩でもある小林誠司（巨人）とイメージが重なる。大学時代は課題だった打撃も力強さが増し、スムーズに強く引っ張れるようになった。社会人でもトップクラスの強豪チームで1年目から正捕手として2年間プレーし続けてきており、都市対抗など大舞台を経験したのもプラス要因だ。

チームの一軍捕手は揃ってベテランとなっており、次の正捕手候補は石橋康太くらいしか見当たらないだけに石伊にかかる期待は大きい。まずはプロのレベルに慣れることが必要だが、経験は豊富なだけに二軍ではすぐに対応できる可能性も高いだろう。持ち味である高い守備力をアピールして早期の一軍定着を目指したい。

DRAFT 2024

5位

高校球界屈指の本格派左腕
高橋幸佑［18］

投手 北照高

北海道で注目を集めていた高校生の本格派サウスポー。２年秋までは控え投手だったものの、素材の良さが評価されて昨年四月に行われたU18侍ジャパン候補の強化合宿に選出されると、紅白戦では自己最速を更新する１４６キロをマークするなど快投を見せて一躍評価を上げた。その後も順調に成長を続け、バランスの良いフォームから繰り出すストレートはコンスタントに１４５キロを超えるまでになり、打者の手元での勢いも申し分ない。課題だった制球も夏には大きく改善したところを見せた。変化球には課題が残るものの、高校生の左投手としては間違いなく全国でもトップクラスだ。

金丸、吉田と同期にレベルの高い左腕がいるのも高橋には大きなプラスと言える。まずは体力作りからのスタートとなるが、フォームに悪い癖がないだけに、フィジカル面が強化されればまだまだ伸びる可能性は高い。チームは高橋宏斗より下の世代の高校卒の投手が手薄なだけに、数年後には先発ローテーション争いに加わりたい。

6位

急成長遂げた大型右腕

有馬恵叶［18］

―投手―聖カタリナ学園高―

１９０㎝の長身で、高い将来性が魅力の大型右腕。中学までは外野手としてプレーしており、高校で投手に転向したものの３年春までは一度も公式戦で登板がなかったという経歴を持つ。しかし春から夏にかけて急成長を遂げて背番号１を背負うと、チームの愛媛大会優勝にも大きく貢献。甲子園では初戦で敗れたものの、自己最速を大きく上回る１４６キロをマークするなどポテンシャルの高さを見せた。故障ではないにもかかわらず、３年夏が公式戦初登板で、支配下指名を受けるというのはなかなかないことである。

大型でもフォームに悪い癖がなく、スムーズな流れで楽に腕が振れるのが特長。まだまだ体が細く、体重が後ろに残るのは課題だが、体ができてくれば楽に１５０キロを超えそうな雰囲気は十分だ。チーム内でベンチマークする存在としては昨年一軍で初勝利をあげた松木平優太が挙げられる。松木平もしっかり体を作って、球威もコントロールも安定してきただけに、有馬もそれに続いて３～４年での一軍定着を目指したい。

DRAFT 2024

育成

育成1位
中村奈一輝
内野手／宮崎商高

育成2位
井上剣也
投手／鹿児島実高

中村は大型ショート。井上は馬力が魅力の本格派右腕

支配下5位の高橋、6位の有馬に続いて育成でも高校生の好素材2人を獲得し、チームの将来にとって大きなプラスとなる可能性を秘めた指名という印象だ。育成1位の中村はスケールの大きさが魅力の大型ショート。長身でも動きに軽快さがあり、投手としても140キロ台中盤をマークする強肩も魅力だ。まだ体は細いが、リストの強い打撃も光る。攻守ともに大きく育ててもらいたい好素材だ。

一方の井上も九州では評判となっていた本格派右腕。春は九州大会にも出場し、150キロを超えるスピードをマークしている。高校時代の実績という意味では支配下指名された高橋、有馬以上だけに、制球力が向上すれば早期の支配下登録も期待できそうだ。

過去ドラフト通信簿

60点

▶2022

1位 仲地礼亜（投手／沖縄大）
2位 村松開人（内野手／明治大）
3位 森山暁生（投手／阿南光高）
4位 山浅龍之介（捕手／聖光学院高）
5位 濱将乃介（内野手／福井ネクサスエレファンツ）
6位 田中幹也（内野手／亜細亜大）
7位 福永裕基（内野手／日本新薬）

▶2023

1位 草加 勝（投手／亜細亜大）
2位 津田啓史（内野手／三菱重工East）
3位 辻本倫太郎（内野手／仙台大）
4位 福田幸之介（投手／履正社高）
5位 土生翔太（投手／茨城アストロプラネッツ）
6位 加藤竜馬（投手／東邦ガス）

中長期的な戦略が見えず低評価に

現在最も長期低迷している球団が中日である。過去10年でAクラスは2020年の3位のみで5位が5回、6位が4回。その大きな要因はやはり落合博満監督時代からの世代交代の失敗であり、いまだに底を脱していない印象を受ける。

過去5年の指名を見ても大ヒットと言えるのは高橋宏斗と岡林勇希の2人だけで、岡野祐一郎、竹内龍臣、福島章太、加藤翼、三好大倫は戦力外となり、星野真生、福元悠真、加藤竜馬の3人も育成選手となっている。育成ドラフトからは2022年育成1位の松山晋也が戦力となっているが、トータルで見ればとても成功しているとは言えないのが現状だ。

一貫して言えるのが球団としての中長期的な戦略の

▶2019

1位 石川昂弥（内野手／東邦高）
2位 橋本侑樹（投手／大阪商業大）
3位 岡野祐一郎（投手／東芝）
4位 郡司裕也（捕手／慶應義塾大）
5位 岡林勇希（投手／菰野高）
6位 竹内龍臣（投手／札幌創成高）

▶2020

1位 髙橋宏斗（投手／中京大附属中京高）
2位 森 博人（投手／日本体育大）
3位 土田龍空（内野手／近江高）
4位 福島章太（投手／倉敷工業高）
5位 加藤 翼（投手／帝京大可児高）
6位 三好大倫（外野手／JFE西日本）

▶2021

1位 アドゥブライト健太（外野手／上武大）
2位 鵜飼航丞（外野手／駒澤大）
3位 石森大誠（投手／火の国サラマンダーズ）
4位 味谷大誠（捕手／花咲徳栄高）
5位 星野真生（内野手／豊橋中央高）
6位 福元悠真（外野手／大阪商業大）

欠如である。以前は落合GM、過去2年は立浪和義前監督の意見ばかりが尊重され、前者の時は社会人と大学生の即戦力、後者は遊撃手候補偏重の指名を繰り返した。彼らのような権力者が不在の時は打線が弱ければとにかく打者ということで2021年には大学生の似たタイプの外野手を3人一気に指名している。また地元出身のスターを獲得したいという思惑が強く見られ、2018年1位の根尾昂などは補強ポイントにマッチしているとは思えなかった。

星野仙一監督時代は目先の戦力はトレードやFAで獲得し、ドラフトでは将来のチームを担う選手を指名するという方針が徹底されていたという。ただ以前のようなトレード、FAでの補強が難しくなっており、今後はより戦略的にドラフトと選手育成を回していく必要があるだけに、過去の失敗を生かした体制作りを構築していく必要があるだろう。

▼2025年 中日ドラゴンズ 年齢構成早見表

※2025年2月1日現在。
年齢は2025年の誕生日時。

年齢	投手		捕手		内野手		外野手	
	右投げ	左投げ	右打ち	左打ち	右打ち	左打ち	右打ち	左打ち
40								大島洋平
39	涌井秀章							
38	祖父江大輔							
37		大野雄大						
36	岩嵜 翔				中田翔			
35		松葉貴大						
34			木下拓哉					
33		福 敬登	加藤匠馬		カリステ			
32				宇佐見真吾	山本泰寛			ボスラー 川越誠司 駿太
31	柳 裕也					高橋周平 板山祐太郎		
30								上林誠知
29	梅津晃大	齋藤綱記			福永裕基			
28	勝野昌慶 メヒア ウォルターズ	マラー						
27	森 博人 藤嶋健人	橋本侑樹				樋口正修	細川成也	
26	梅野雄吾 清水達也						ブライト健太 鵜飼航丞	
25	根尾 昂 伊藤茉央 松山晋也		石伊雄太 石橋康太		田中幹也			尾田剛樹 濱将乃介
24	草加 勝 仲地礼亜 土生翔太				辻本倫太郎 石川昂弥	村松開人		
23	髙橋宏斗	吉田聖弥			津田啓史 ロドリゲス	土田龍空		岡林勇希
22	松木平優太	金丸夢斗		味谷大誠				
21				山浅龍之介				
20		福田幸之介						
19	有馬恵叶	高橋幸佑				森 駿太		

チーム成績的には投手は強く打線が弱いという状況が続いているが、年齢分布ではまた違う状況が見えてくる。投手は20代中盤から後半にかけて人数はいるものの、一軍の戦力になっているのはリリーフばかりで、その下の世代も頼れるのは高橋宏斗だけ。ベテランや外国人選手への依存度が非常に高いことがよく分かる。一方の野手は30歳以上のベテランでレギュラーと言えるのは捕手の木下拓哉だけで、20代中盤から後半に主力が多い。これを考えても2024年のドラフトでまずは投手を狙ったのは、納得のいく指名だったという印象だ。

投手

先発陣の世代交代が急務。1位の金丸は即戦力として期待

先発の中心となるのはエースの高橋宏斗とドラフト1位の金丸夢斗だ。高橋は年々凄みが増しており、打者を圧倒するという意味ではNPB全体でもトップと言える。金丸もコンディションさえ万全なら1年目から二桁勝利も期待できる本物の即戦力候補だ。この両輪が並び立てば、他球団にとって脅威となることは間違いない。ただ年齢構成表でも触れた通り、ベテランへの依存度が高いのが大きな不安要素だ。涌井秀章、松葉貴大については成績が下がると計算しておくのが妥当で、それ以外に実績のある先発は柳裕也だけ。上位を狙うには昨年初勝利をあげた松木平優太など若手の底上げが必要不可欠である。

一方のリリーフで最大のマイナス材料は抑えのマルティネスの移籍だ。ただ先発に比べるとブルペン陣は全体的に年齢が若く、ある程度人材は揃っている印象を受ける。中でも大きいのが松山晋也と清水達也の2人だ。ともに球威は十分で、制球力も高く、マルティネスが退団となった今ではどちらかが抑えに回る可能性が高そうだ。他にも右は藤嶋健人、勝野昌慶、左は斎藤綱記、橋本侑樹など力のある投手が揃っている。マルティネスが不在であっても12球団で屈指のブルペン陣と言えるだろう。

野手

楽しみな若手は増加。細川に並ぶ存在の確立が重要

長年得点力不足が課題となっているが、昨年のチーム打率はリーグ3位、ホームラン数もリーグ4位と改善傾向は見られる。その原動力となっているのが一昨年現役ドラフトで加入してブレイクした細川成也だ。三振は相変わらず多いが打率、出塁率は前年と比べて大きく改善し、リーグでも屈指の強打者へと成長した。チャンスメーカーも岡林勇希に加えて村松開人が開花しつつあるのもプラス要因だ。そこで重要になってくるのが細川と並ぶ得点源の確立と、ここ数年のドラフトで獲得した若手の引き上げだ。筆頭候補としては一昨年13本塁打を放った石川昂弥が挙げられるが、故障が多いのが大きな課題。それ以外の候補としては2021年のドラフト上位で入団したブライト健太、鵜飼航丞などの名前が挙がる。彼らのうち1人でも主力へと成長すれば、得点力はさらに改善する可能性は高い。また二遊間については打てて脚力のある村松をショート、抜群のスピードと守備力がある田中幹也という布陣を基本線としたい。もう一つ気になるのが木下拓哉の衰えが目立つ捕手だ。まだ若くて打力のある石橋康太、ルーキーで高い守備力が光る石伊雄太でレギュラーを争えるようになると面白いだろう。

▼中日ドラゴンズ 2024年個人投手成績

選手名	勝利	敗戦	S	H	防御率	奪三振率	与四球率	K／BB	WHIP
髙橋宏斗	12	4	0	0	1.38	8.14	2.13	3.82	0.98
小笠原慎之介	5	11	0	0	3.12	5.11	1.37	3.73	1.20
涌井秀章	3	5	0	0	3.07	4.87	2.44	2.00	1.20
松葉貴大	5	6	0	0	3.09	4.82	2.31	2.08	1.17
松木平優太	2	4	0	0	3.70	7.40	2.96	2.50	1.27
柳 裕也	4	5	0	0	3.76	4.57	2.69	1.70	1.42
梅津晃大	2	8	0	0	4.07	8.38	3.61	2.32	1.38
メヒア	3	8	0	0	4.88	6.07	2.85	2.13	1.28
松山晋也	2	3	0	41	1.33	9.44	2.82	3.35	1.01
清水達也	3	1	1	36	1.40	8.07	2.79	2.89	1.02
橋本侑樹	3	1	0	5	1.73	9.35	3.81	2.45	1.31
齋藤綱記	4	3	0	19	2.09	8.37	3.42	2.44	1.33
藤嶋健人	3	3	0	14	2.20	8.45	3.12	2.71	0.94
祖父江大輔	0	0	0	4	2.86	4.76	1.91	2.50	1.13
勝野昌慶	1	1	0	7	3.51	7.24	3.07	2.36	1.41
岩嵜 翔	0	0	0	1	5.85	8.10	4.95	1.64	1.75

▼中日ドラゴンズ 2024年個人打撃成績

選手名	打率	本塁打	打点	得点圏	出塁率	長打率	OPS	得点	盗塁	失策
細川成也	.292	23	67	.282	.368	.478	.846	59	0	4
岡林勇希	.256	0	12	.187	.304	.294	.598	34	10	0
福永裕基	.306	6	32	.318	.362	.427	.789	40	9	6
村松開人	.275	1	25	.195	.327	.337	.664	35	3	5
石川昂弥	.272	4	25	.241	.320	.382	.702	17	0	1
カリステ	.261	7	36	.286	.287	.352	.639	30	2	8
木下拓哉	.228	3	9	.167	.265	.300	.565	11	0	1
田中幹也	.224	2	23	.250	.270	.281	.551	26	5	4
中田 翔	.217	4	21	.190	.249	.321	.570	15	0	1
宇佐見真吾	.303	3	17	.344	.337	.414	.752	7	0	1
高橋周平	.260	2	16	.318	.316	.329	.645	8	0	9
山本泰寛	.250	1	9	.278	.312	.288	.601	14	1	5
板山祐太郎	.236	3	13	.211	.290	.343	.633	11	1	2
大島洋平	.198	0	5	.235	.256	.250	.506	7	1	0
上林誠知	.191	1	3	.188	.248	.255	.503	6	0	0
加藤匠馬	.171	0	5	.139	.184	.228	.412	5	0	1

ファーム

投手、野手とも伸び悩みが目立つ。ルーキーに期待

過去5年間のドラフトでは中長期的な戦略の無さを課題として挙げたが、もう一つ気になるのが期待された若手が思うように伸びていないという点だ。特に野手についてそれが顕著で、過去10年間を振り返ってみても二軍で鍛えてレギュラーになったのは高橋周平、木下拓哉、岡林勇希くらいしかおらず、高橋も期待されていたような強打者タイプになることはなかった。野手の戦力分析で名前を挙げたブライト健太、鵜飼航丞についても昨年の二軍成績を見ると前年を下回っており、順調に成長しているとは言い難い状況だ。ちなみに昨年の二軍打撃成績を見ると、安打数のトップは2年目の浜将乃介だったが、ホームランと打点についてはビシエドがトップとなっていることからも、若手野手が育っていない現状がよく表れていると言えるだろう。

一方の投手も昨年は高校卒4年目の松木平優太が10勝をマークして一軍でも初勝利をあげたが、投球回数の上位には福谷浩司、大野雄大、柳裕也という実績組が並んでおり、福谷はFAで日本ハムに移籍となった。松木平に次ぐ投球回を記録した根尾昂も防御率は悪くないが制球力が課題で停滞している状況だ。そうなると今後重要になってくるのがとも

▼2024年ファーム個人投手成績

選手名	勝利	敗戦	S	H	防御率	奪三振率	与四球率	K／BB	WHIP
根尾 昂	4	5	0	0	2.63	8.23	3.84	2.14	1.33
仲地礼亜	3	2	0	0	3.12	9.18	2.20	4.17	1.24
福田幸之介	2	3	0	0	3.13	6.99	6.03	1.16	1.39
近藤 廉	3	1	0	0	2.09	7.53	3.56	2.12	1.07
石川 翔	2	1	0	0	3.00	7.80	6.60	1.18	1.27
石森大誠	1	0	0	0	4.15	9.46	5.77	1.64	1.56

▼2024年ファーム個人打撃成績

選手名	打率	本塁打	打点	得点圏	出塁率	長打率	OPS	得点	盗塁	失策
ブライト健太	.264	3	25	-	.351	.372	.723	24	9	1
樋口正修	.267	1	10	-	.343	.312	.655	42	21	14
濱将乃介	.250	0	23	-	.345	.337	.682	35	14	1
津田啓史	.234	0	13	-	.312	.292	.604	15	8	8
辻本倫太郎	.227	0	21	-	.301	.259	.560	24	4	9
鵜飼航丞	.217	5	25	-	.290	.341	.631	27	1	1

にドラフト1位で入団した仲地礼亜、草加勝の2人だ。仲地は故障が多く、草加もトミー・ジョン手術を受けて長期離脱となっているが、ともにポテンシャルの高さは申し分ない。来年は彼らが二軍でしっかり成績を残せるかでチームの将来は大きく変わってくるだろう。この2人に加えて昨年高校卒1年目ながら大器の片鱗を見せた福田幸之介やルーキーの吉田聖弥、高橋幸佑などサウスポーにも楽しみな選手は増えてきている。

改めて成績を見ても、現在の二軍は育成よりも主力選手の調整がメインとなっているように見える。井上一樹新監督は昨年二軍監督として指揮を執っており、チーム状況も把握しているはずだけに、ファームの健全化も大きな課題となりそうだ。

戦力チャート

最大の強みは強力なリリーフ投手もマルティネスの不在は不安材料
野手はファームから育った選手が少なく、育成は大きな課題

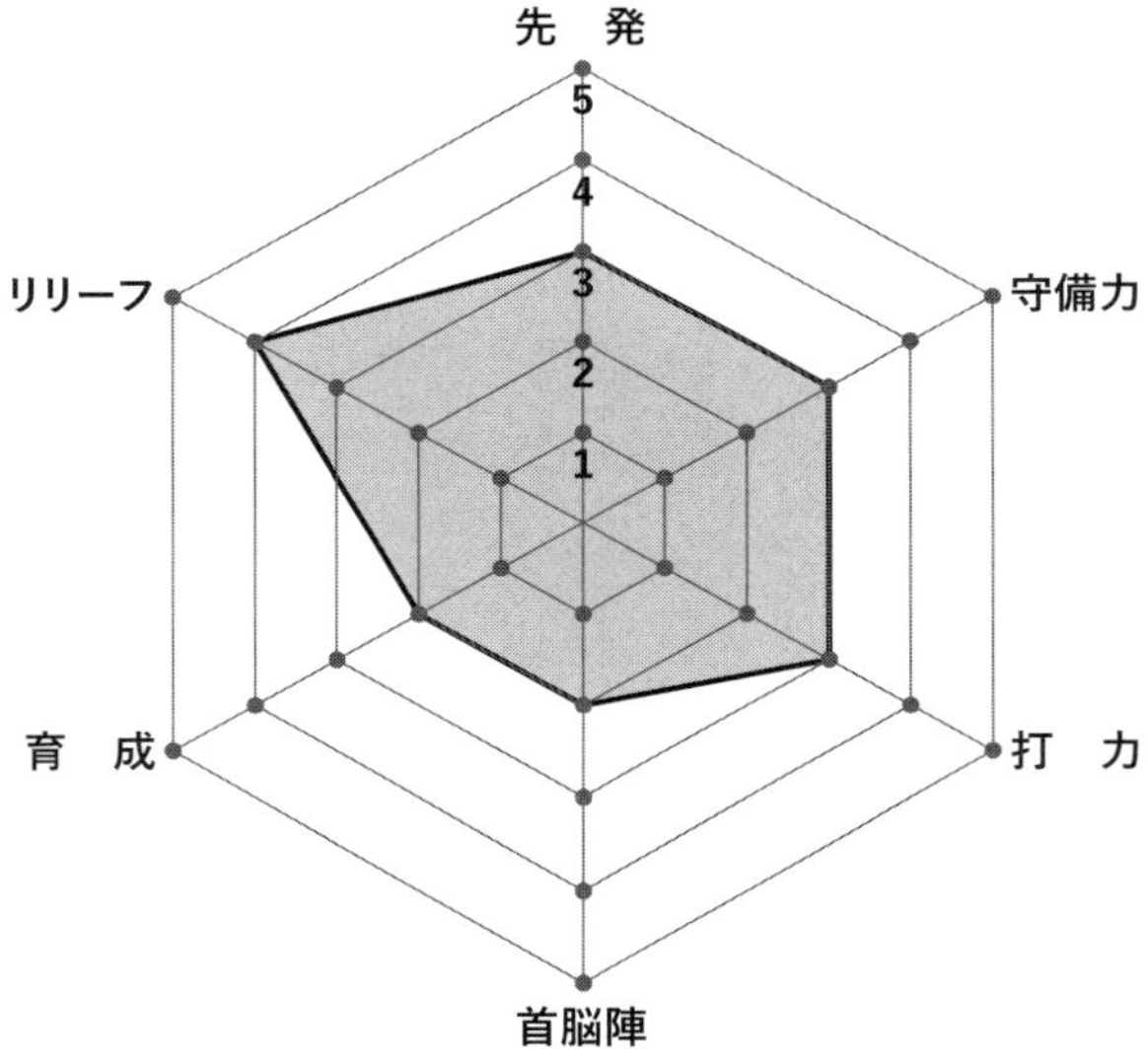

先発は高齢化と小笠原慎之介の抜けた穴は痛いものの、ドラフトで金丸夢斗を獲得できたことで何とか3をキープした。リリーフはマルティネスが抜けても実績と若さを備えた投手が揃い、大崩れすることはないだろう。得点力不足が課題の打線も細川成也という核がしっかり確立され、チーム成績も改善傾向にある。田中幹也、村松開人の二遊間も今後チームの売りとなりそうだ。重要なのはチームの舵取りをと底上げを担う部分だ。首脳陣はもちろんだが、球団全体でもあらゆる点を見直す必要があるだろう。

首脳陣分析　立浪監督時代は迷走。新監督の手腕に注目

チーム打率、本塁打数が改善しても圧倒的に得点が少なかったのはやはり首脳陣の問題と言える。井上一樹新監督は二軍で結果を出しただけに期待も大きいが、重要なのは作戦、選手起用をしっかり進言できる存在ではないだろうか。新たなコーチ陣は未知数な部分も大きいだけに、球団として首脳陣を指導者としてどう鍛えていくかということも重要になるだろう。

PASIFIC LEAGUE

パシフィック・リーグ

ドラフト指名選手紹介&戦力分析

【2024チーム成績】

		試合	勝	敗	分	勝率	差
1	ソフトバンク	143	91	49	3	.650	—
2	日本ハム	143	75	60	8	.556	13.5
3	ロッテ	143	71	66	6	.518	18.5
4	楽　天	143	67	72	4	.482	23.5
5	オリックス	143	63	77	3	.450	28
6	西　武	143	49	91	3	.350	42

【個人タイトル】

最優秀選手　近藤健介(ソフトバンク)

首位打者	近藤健介(ソフトバンク)	.314
本塁打王	山川穂高(ソフトバンク)	34本
打点王	山川穂高(ソフトバンク)	99点
最多安打	辰己涼介(楽天)	158本
最高出塁率	近藤健介(ソフトバンク)	.439
盗塁王	周東佑京(ソフトバンク)	41個

最優秀新人　武内夏暉(西武)

最優秀防御率	モイネロ(ソフトバンク)	1.88
最高勝率	伊藤大海(日本ハム)	.737
最多勝	有原航平(ソフトバンク) 伊藤大海(日本ハム)	14勝
最多セーブ	則本昂大(楽天)	32S
最優秀中継ぎ	河野竜生(日本ハム)	34HP
最多奪三振	今井達也(西武)	187個

【個人成績・指標説明】

S……セーブ数　H……ホールド数　奪三振率……9イニングあたりの平均奪三振数
与四球率……9イニングあたりの平均四球数　K／BB……奪三振数÷与四球数
WHIP……1イニングあたり何人の出塁を許したかを表す数値
長打率……塁打数÷打数　OPS……出塁率＋長打率

4位・宇野真仁朗（写真はアマチュア時代、著者提供）

福岡ソフトバンクホークス

FUKUOKA SOFTBANK HOWKS

2024チーム成績

91勝49敗3分（パ1位）

2024チーム勝率

.650

得点 607点（パ1位）　失点 390点（パ1位）

本塁打 114本（パ1位）　盗塁 89個（パ3位）

打率 .259（パ1位）　防御率 2.53（パ1位）　失策 53個（パ1位）

2024観客総動員 272万6058人（3位）

2024チーム総年俸 63.3億円（1位）

1位

将来性と球質の良さが光る高校生右腕

村上泰斗［17］

—投手—神戸弘陵高—

中学時代は捕手で高校進学後に投手に転向。2年時の練習試合で150キロを超えるスピードをマークして一躍注目を集めると、最終学年でさらに評価を上げてドラフト1位指名を受けた。特に強烈なインパクトを残したのが3年の6月に行われた生光学園との練習試合だ。相手チームにも川勝空人（日本ハム育成1位）がいたということもあって、10球団合計40人近くのスカウト陣が集結していたが、その前で5回を投げて被安打1、11奪三振で無失点という圧巻のピッチングを見せたのだ。3回までは一人の走者も許さず、打者9人のうち8人から三振を奪うという凄まじさだった。

180cmと投手としては特別上背があるわけではなく体つきもまだ細く見えるが、高い位置から投げ下ろす鋭い腕の振りは抜群だ。ストレートはコンスタントに145キロを超え、打者の手元でホップするような勢いがあるため空振りを奪うことができる。ソフトバンクは特にスピードだけでなくボールの質を重視しているとのことだが、2度抽選を外したとはいえ1位で指名したのはそれをよく物語っていると言えるだろう。変化球も縦のスライダー、フォーク、チェンジアップ、ツーシームなど多彩な球種を操り、あらゆるパターンで三振を奪えるというのも大きな魅力だ。3年夏の兵庫大会ではチームが早々に敗れて登板機会は少なかったが、11回を投げて16奪三振で1失点とさすがの投球だった。

課題は調子の波が大きいところだ。生光学園との試合でも4回には2つの暴投などでピンチを招いており、試合単位ではなくイニング単位でも良い時と悪い時がはっきりしている印象を受ける。走者を背負うと少しリズムが単調になって投げ急ぐ点も気になった。ただ投手に転向したのは高校からということを考えると、経験を積んでいけば解消されていく課題のように見えることも確かだ。まずはフィジカル面を鍛えながら三軍か四軍で経験を積み、2年目以降の一軍デビューを目指したい。

まだ投手としての経験が浅いため、伸びしろ次第で相当に化ける可能性も。（写真：著者提供）

2位

リーグ安打記録も更新した万能選手

庄子雄大［22］

―内野手―神奈川大―

横浜高校では度会隆輝（DeNA）、津田啓史（中日）などと同学年で、2年春にはサードとして選抜高校野球に出場。大学では1年春から外野のレギュラーとなると、その後ショートに転向しても結果を残し続け、通算116安打の神奈川リーグ記録を樹立した。最大の魅力は抜群のスピードと堅実な守備だ。4秒を切れば俊足と言われる一塁到達タイムはコンスタントに3.8秒台をマーク。リーグ戦通算90試合で54盗塁を記録しており、成功率も極めて高い。ショートの守りも派手さはないものの守備範囲の広さは抜群で、三遊間の深い位置からでも正確に投げられるスローイングも一級品だ。

プロで課題となりそうなのがバッティングだ。リーグ記録を樹立したことからも分かるようにミート力は高いが、パワーはそれほどなく、淡白な打撃となるケースも目立つ。ただあらゆるポジションを守れるのも大きな武器だけに、1年目はバックアップとして一軍に定着し、2年目以降は二遊間のレギュラー獲得を目指したい。

DRAFT 2024

3位

球威と制球力を備えたリリーフ右腕

安徳 駿［22］

―投手―富士大―

久留米商では2年秋から主戦となったものの、全国的には無名の投手で、富士大でもリーグ戦デビューは3年春と遅かった。3年秋に投手陣の一角に定着すると、4年春にはベストナインを受賞。4年秋には主に抑えを任されると19回1／3を投げて自責点2、30奪三振という圧巻の成績を残してチームの優勝にも大きく貢献した。

1位の村上と同様にそれほど上背があるわけではないが、全身を大きく伸びやかに使って楽に腕が振れ、140キロ台後半のストレートは数字以上の勢いを感じる。ストレートと同じ軌道から鋭く変化するカットボール、緩急をつけるカーブ、チェンジアップなど変化球のレベルも高く、4年秋は四死球0と制球力の高さも備えている。最後の公式戦となった明治神宮大会で登板がなかったのは気がかりだが、短いイニングの投球は大学球界でもトップクラスだ。コンディションさえ問題なければ、1年目から一軍のブルペン陣に加わる可能性もあるだろう。

DRAFT 2024

4位

木製バットで本塁打量産の強打者

宇野真仁朗［18］

内野手　早稲田実高

小学校ではU12侍ジャパン、中学ではシニア日本代表に選ばれ、早稲田実でも入学直後からレギュラーに定着。3年からは木製バットを使用して春の都大会で3本塁打、夏の西東京大会でも2本塁打を放つと、甲子園本大会でもあわやホームランというフェンス直撃打で強烈にアピールしU18侍ジャパンにも選出された。豪快なスイングで打球を飛ばすコツを持っており、長打力は高校球界でも屈指。内野の全ポジションを守った経験があり、脚力を備えているのも魅力だ。最大の持ち味である打撃を伸ばして、まずは二軍の定位置獲得を目指したい。

DRAFT 2024

5位

職人的な打撃が光る左の強打者

石見颯真［18］

内野手兼外野手　愛工大名電高

愛工大名電では入学直後からレフトのレギュラーとなると、1年夏、2年夏、3年春と3度甲子園に出場。3年春の選抜ではチームは初戦で敗れたものの、強烈な2安打を放ち、大会後に行われたU18侍ジャパン候補合宿にも招集された。タイミングのとり方に余裕があり、しっかり呼び込んで広角に強打を放つバッティングは迫力十分。高校からのプロ入りを目指して最終学年には自らショートに転向するなど、意識の高さもプラス材料だ。打撃技術の高さは抜群だけに、4位の宇野と切磋琢磨して将来の中軸候補を目指してもらいたい。

DRAFT 2024

6位

東都二部を代表する本格派右腕

投手 東洋大

岩崎峻典［21］

　履正社では2年夏に甲子園出場。背番号10ながら4試合に登板し、決勝では胴上げ投手となるなどチームの全国制覇に大きく貢献した。東洋大でも1年春からリーグ戦に登板。二部でのプレーが多かったが3年からは主戦となり、4年秋はチームを一部昇格に導いている。高校時代に比べて明らかに腕の振りが力強くなり、ストレートはコンスタントに150キロ前後をマーク。一方で元々の持ち味だった制球力は下がり、安定感が乏しい印象は否めない。まずはフォームをしっかり見直して、制球力を取り戻すことが一軍昇格への条件となりそうだ。

5位指名・石見颯真のバッティングは魅力十分。技術力の高さは必見だ。(写真:著者提供)

育成

育成2位
曽布川ザイレン
内野手／浜松商高

育成3位
大友 宗
捕手／茨城アストロプラネッツ

育成4位
広瀬結煌
投手／市立松戸高

育成5位
河野伸一朗
投手／宮崎学園高

育成6位
川口冬弥
投手／徳島インディゴソックス

育成7位
津嘉山憲志郎
投手／神戸国際大附高

育成8位
相原雄太
投手／仙台大

育成9位
岡田皓一朗
投手／大阪商業大

育成10位
漁府輝羽
外野手／東北福祉大

育成11位
木下勇人
外野手／千葉経大附高

育成12位
熊谷太雅
投手／東陵高

育成13位
塩士 暖
投手／門前高

将来性重視も独立勢2人は1年目からが勝負

育成1位で指名した古川遼（日本学園高・投手）は入団辞退となったが、それでも12人の選手を育成ドラフトで獲得した。内訳も高校生7人、大学生3人、独立リーグ2人と将来性をより重視した印象を受ける。育成2位の曽布川は強打のサード。確実性には課題が残るが、逆方向へも放り込むパワーが魅力だ。育成3位の大友は強肩と長打力が光る捕手で、社会人で2年プレーした後、独立リーグに移籍して指名を勝ち取った。今年で26歳となり、甲斐拓也がFAで移籍したこともあって1年目から勝負となる。育成4位の広瀬は守備が持ち味のショート。特に正確な送球の評価が高く、将来の二遊間候補として期待がかかる。育成5位の河野は2年夏には甲子園にも出場した大型左腕。3年夏は故障で代打のみの出場も将来性の高さは抜群だ。育成6位の川口は社会人のクラブチームを経て独立リーグで力をつけた本格派右腕。150キロ近いストレートと鋭く落ちるフォークが武器で、大友と同様に今年で26歳だけに1年目から二軍で結果を残して早期の支配下昇格を目指したい。育成7位の津嘉山は早くから評判となっていた高校生右腕。高い制球力と巧みな投球術は高校生離れしたものがあり、トミー・ジョン手術を受けても指名を受けたところに能力の高さが表れている。育成8位の相原は190cmを超える長身でスケールが魅力の大型右腕。大学入学前にトミー・ジョン手術を受け、層の厚い投手陣ということもあってリーグ戦では4試合の登板に終わったが、好調時の150キロ前後のストレートは勢い十分だ。育成9位の岡田はリリーフタイプの本格派右腕。相原と同様に大学での実績は乏しいが、体格と球威は大きな魅力だ。育成10位の漁府は大型のパワーヒッター。大学ではわずか2試合の出場も長打力が評価されて指名を受けた。育成11位の木下はスピードが武器の外野手。ベース一周のタイムは周東佑京と同レベルで、足のスペシャリストとして期待がかかる。育成12位の熊谷はセンスの良さが光る長身左腕。3年春には仙台育英相手に1失点完投勝利をおさめた。育成13位の塩士は石川県で密かに注目されていた大型右腕。腕の振りに柔らかさがあり、高校2年から本格的に投手に転向しただけに、今後の大化けも期待できそうだ。

▶2022

1位 イヒネイツア
（内野手／誉高）

2位 大津亮介
（投手／日本製鉄鹿島）

3位 甲斐生海
（外野手／東北福祉大）

4位 大野稼頭央
（投手／大島高）

5位 松本 晴
（投手／亜細亜大）

6位 吉田賢吾
（捕手／桐蔭横浜大）

▶2023

1位 前田悠伍
（投手／大阪桐蔭高）

2位 岩井俊介
（投手／名城大）

3位 廣瀬隆太
（内野手／慶應義塾大）

4位 村田賢一
（投手／明治大）

5位 澤柳亮太郎
（投手／ロキテクノ富山）

6位 大山 凌
（投手／東日本国際大）

7位 藤田悠太郎
（捕手／福岡大附属大濠高）

過去ドラフト
通信簿

50点

上位指名の誤算で低評価に

2

2017年からは4年連続で日本一を達成するなど圧倒的な強さを誇ったソフトバンク。当時のレギュラー陣を脅かせるような即戦力選手はドラフト市場にはなかなかいないため、思い切って将来性に振り切った指名を徹底したが、成功しているとは言い難いのが現状だ。過去5年の上位指名で現在一軍の戦力となっているのは社会人出身の大津亮介だけ。3位以下まで範囲を広げてもリリーフの津森宥紀くらいしか見当たらない。育成ドラフトで獲得した選手から大関友久が出てきたが、ここまで名前を挙げた3人はいずれも大学、社会人出身で、アマチュア時代からある程度の完成度を備えていた選手ばかりである。

気になったのはスケールの大きさを求めるあまり、

▶2019

1位 佐藤直樹
（外野手／JR西日本）

2位 海野隆司
（捕手／東海大）

3位 津森宥紀
（投手／東北福祉大）

4位 小林珠維
（内野手／東海大学付属札幌高）

5位 柳町 達
（外野手／慶應義塾大）

▶2020

1位 井上朋也
（内野手／花咲徳栄高）

2位 笹川吉康
（外野手／横浜商業高）

3位 牧原巧汰
（捕手／日本大学藤沢高）

4位 川原田純平
（内野手／青森山田高）

5位 田上奏大
（投手／履正社高）

▶2021

1位 風間球打
（投手／ノースアジア大明桜高）

2位 正木智也
（外野手／慶應義塾大）

3位 木村大成
（投手／北海高）

4位 野村 勇
（内野手／NTT西日本）

5位 大竹風雅
（投手／東北福祉大）

完成度を度外視して高く評価するケースが多かった点だ。風間球打、イヒネ・イツアなどはその典型例であり、２０１７年１位の吉住晴斗（２０２１年限りで引退）も期待に応えられないままユニフォームを脱いだ。また２０２０年に支配下で指名した５人の高校生もほとんどが二軍、三軍暮らしが続いている。大量に指名している育成ドラフトから選手が出てくることを期待しているファンも多そうだが、まだまだ結果が出ているとは言い難い状況で、昨年オフには支配下に昇格していた三浦瑞樹、仲田慶介の２人が育成での再契約を不服としてともに他球団へ移籍となった。実績のある選手を他球団から獲得するケースも多く、数少ない支配下の枠を争う育成選手のモチベーションを保つのも難しい状況となっている。２０２３年から少し方針を変えているように見えるが、今一度スカウティングのやり方と育成方法を見直す必要がありそうだ。

▼2025年 福岡ソフトバンクホークス 年齢構成早見表

※2025年2月1日現在。
年齢は2025年の誕生日時。

年齢	投手		捕手		内野手		外野手	
	右投げ	左投げ	右打ち	左打ち	右打ち	左打ち	右打ち	左打ち
40								
39								
38								
37								柳田悠岐
36								中村 晃
35	東浜 巨 又吉克樹							
34			嶺井博希		今宮健太 山川穂高			
33	有原航平					牧原大成		
32	武田翔太							近藤健介
31	上沢直之							
30	オスナ 板東湧梧	モイネロ 濵口遥大						
29	松本裕樹 藤井皓哉 上茶谷大河	ヘルナンデス			野村 勇	周東佑京 栗原陵矢		
28	杉山一樹 伊藤優輔	大関友久	海野隆司	谷川原健太		川瀬 晃		柳町 達
27	津森宥紀				ダウンズ		佐藤直樹	緒方理貢
26	スチュワート・ ジュニア 大津亮介 尾形崇斗	田浦文丸 長谷川威展			リチャード		正木智也	川村友斗
25	木村 光	前田 純		渡邉 陸				
24	岩井俊介 村田賢一	松本 晴	石塚綜一郎		廣瀬隆太			
23	大山 凌 安徳 駿			牧原巧汰		庄子雄大		笹川吉康
22	岩崎峻典	木村大成			井上朋也			
21		大野稼頭央				イヒネイツア		
20		前田悠伍	藤田悠太郎					
19					宇野真仁朗	石見颯真		
18	村上泰斗							

昨年は４年ぶりのリーグ優勝を達成したが、投手も野手も主力はベテランへの依存度が高い印象は否めない。投手では有原航平、又吉克樹が完全にベテランという年齢となり、モイネロ、オスナの外国人２人も今年で30歳となる。さらに深刻なのが野手で、柳田悠岐と中村晃の２人が35歳を超え、レギュラーで最も若い栗原陵矢と周東佑京でも29歳と主力の大半が30歳前後になっているのだ。有原、モイネロ、近藤健介、山川穂高にまだまだ余力があるだけに今年急に成績が下がることはなさそうだが、レギュラー候補と言える存在も少ないだけに、数年後がかなり不安な陣容であることは間違いない。

投手

先発は充実の戦力誇るもリリーフに不安が

昨年は有原航平とモイネロの2人が二桁勝利をマーク。大関友久、スチュワート・ジュニア、大津亮介の3人が成績を残したこともプラスだ。石川柊太がFAで退団となったものの、実績のある上沢直之と人的補償で巨人から伊藤優輔を獲得し、松本晴、前田純など若手も控えている。先発は他球団と比べても強力な布陣と言えるだろう。

一方で気になるのがリリーフ陣だ。昨年は抑えのオスナが開幕から調子が上がらずに大きく成績を落とし、代役を務めた松本裕樹も夏場以降は不安定な投球が目立った。右腕では杉山一樹、津森宥紀、又吉克樹、藤井皓哉など力のある投手がある程度揃っているが、左腕はヘルナンデス以外は現役ドラフト組の長谷川威展くらいしか見当たらない。昨年の日本シリーズでもスチュワート・ジュニア、松本晴、前田純など本来なら先発候補の投手たちがリリーフとして起用されていたところにも不安がよく表れている。オスナは大型契約を結んでいるだけにまずは抑えとして起用されることになりそうだが、昨年のような状態が続くようであればまた苦しい状況に陥る可能性は高い。先発候補からの配置転換や若手の底上げなどを検討する必要がありそうだ。

野手

打線は強力もポスト甲斐が大きな課題

昨年のチーム打率、得点、本塁打数はいずれもリーグトップの数字をマーク。最大の強みは栗原陵矢、山川穂高、近藤健介の中軸三人が安定している点だ。昨年は3人で合計258打点をたたき出しており、これはチーム全体の44%にあたる。ただ気になるのが近藤の5番という配置だ。山川が勝負を避けられることを防ぐ意味合いがあると思われるが、近藤をもっと上の打順で起用した方が総合的に見て得点力が上がる可能性は高い。そうなると山川の後を打つ打者が課題となるが、正木智也、廣瀬隆太あたりが成長してくると一気に将来も明るくなるだろう。

そして打順以上に今年の大きなポイントとなるのが甲斐拓也の後釜問題だ。甲斐は過去6年間100試合以上先発マスクをかぶっており、捕手の併用が多い時代にあって数少ない絶対的な正捕手と言える存在だっただけにその穴は大きい。筆頭候補としては昨年甲斐に次ぐ38試合でスタメン出場した海野隆司の名前が挙がるものの、攻守ともにまだ心許ないのが現状だ。ベテランで実績のある嶺井博希との併用が基本線となりそうだが、将来を考えても渡邉陸、牧原巧汰など若手の台頭が重要になるだろう。

▼福岡ソフトバンクホークス 2024年個人投手成績

選手名	勝利	敗戦	S	H	防御率	奪三振率	与四球率	K/BB	WHIP
有原航平	14	7	0	0	2.36	6.75	1.82	3.70	0.98
モイネロ	11	5	0	0	1.88	8.56	2.60	3.30	0.94
スチュワート・ジュニア	9	4	0	0	1.95	7.88	3.83	2.06	1.08
大関友久	8	4	0	0	2.50	5.66	2.13	2.66	0.92
大津亮介	7	7	0	0	2.87	7.32	1.66	4.41	1.03
東浜 巨	3	2	0	0	3.38	6.27	1.77	3.55	1.14
石川柊太	7	2	0	0	2.56	7.39	1.71	4.33	0.99
杉山一樹	4	0	1	14	1.61	10.91	3.93	2.77	0.99
松本裕樹	2	2	14	23	2.89	9.06	3.28	2.76	1.16
津森宥紀	5	2	0	17	2.13	8.08	4.25	1.90	1.20
ヘルナンデス	3	3	3	21	2.25	13.50	2.62	5.14	1.00
又吉克樹	1	1	0	6	3.54	5.31	2.21	2.40	1.16
藤井皓哉	2	1	1	19	1.80	10.12	4.50	2.25	1.20
オスナ	0	3	24	5	3.76	5.40	2.35	2.30	1.20
長谷川威展	4	0	0	6	2.49	7.46	3.55	2.10	1.18
大山 凌	1	1	0	1	3.25	7.48	4.55	1.64	1.19

▼福岡ソフトバンクホークス 2024年個人打撃成績

選手名	打率	本塁打	打点	得点圏	出塁率	長打率	OPS	得点	盗塁	失策
山川穂高	.247	34	99	.247	.318	.484	.801	66	0	5
栗原陵矢	.273	20	87	.269	.337	.471	.807	74	2	8
今宮健太	.262	6	39	.243	.331	.372	.704	60	1	4
近藤健介	.314	19	72	.324	.439	.521	.960	66	11	1
周東佑京	.269	2	26	.247	.323	.341	.664	63	41	1
甲斐拓也	.256	5	43	.298	.317	.372	.690	34	1	1
正木智也	.270	7	29	.356	.310	.430	.739	21	1	2
牧原大成	.283	2	13	.222	.308	.371	.679	26	6	7
柳町 達	.269	4	40	.387	.313	.421	.735	26	1	0
柳田悠岐	.286	4	35	.367	.404	.400	.804	31	3	1
中村 晃	.221	0	16	.224	.297	.243	.540	15	0	1
川瀬 晃	.261	0	7	.235	.295	.304	.599	17	2	1
川村友斗	.268	1	14	.256	.336	.390	.726	27	3	0
海野隆司	.173	2	10	.167	.225	.279	.504	10	0	1
廣瀬隆太	.233	2	9	.171	.279	.330	.609	9	0	2
佐藤直樹	.190	0	6	.278	.250	.250	.500	7	3	1

ファーム

ドラフトで獲得した選手の早期一軍戦力化が重要

2011年から三軍、2023年から四軍を創設。ドラフトでは毎年のように大量の育成選手を指名しており、ファームの施設も充実させるなどかなりの投資を行ってきているが、現時点ではその成果は乏しいのが現状だ。過去のドラフト採点でも触れたが、近年のドラフトから一軍の戦力となっている選手は大学生と社会人が大半であり、育成ドラフトで獲得した選手も同様である。2010年の育成ドラフトで獲得した千賀滉大、牧原大成、甲斐拓也の3人が大成功したことで脚光を浴びたが、それ以降だけで判断すればとても成功とは言えないだろう。

昨年の二軍成績の上位者を見ると投手は前田純、前田悠伍、野手は笹川吉康、廣瀬隆太、井上朋也といった今後の成長が見込める選手が多く名を連ねているのはプラスである。一方で笠谷俊介、板東湧梧、リチャード、谷川原健太などは期待されながらもうひとつ殻を破れないでいる印象が強く、笠谷は昨年限りで退団となった。またウエスタン・リーグで最優秀防御率のタイトルを獲得しながら育成での再契約を打診された三浦瑞樹もその申し出を断って、育成選手として中日へ移籍。2年目ながら二軍で3割を超える打率をマーク

▼2024年ファーム個人投手成績

選手名	勝利	敗戦	S	H	防御率	奪三振率	与四球率	K/BB	WHIP
前田 純	10	4	0	0	1.95	6.26	2.54	2.47	1.07
三浦瑞樹	3	3	0	0	1.60	5.55	2.26	2.46	1.01
笠谷俊介	2	3	1	0	2.82	8.06	5.10	1.58	1.49
板東湧梧	3	2	0	0	3.88	3.74	0.83	4.50	1.22
前田悠伍	4	1	1	0	1.94	8.03	1.11	7.25	0.95
中村亮太	4	1	5	0	2.36	7.76	1.52	5.11	0.90

▼2024年ファーム個人打撃成績

選手名	打率	本塁打	打点	得点圏	出塁率	長打率	OPS	得点	盗塁	失策
笹川吉康	.257	7	54	-	.330	.383	.714	53	8	2
廣瀨隆太	.255	3	34	-	.349	.347	.696	36	3	12
井上朋也	.288	4	41	-	.348	.407	.755	41	6	8
リチャード	.242	18	54	-	.347	.528	.875	44	3	3
吉田賢吾	.303	3	33	-	.357	.394	.751	32	0	6
イヒア イツア	.177	2	19	-	.292	.283	.575	28	13	20

していた吉田賢吾も現役ドラフトで日本ハムへと移籍となっている。最終的には残留となったものの、リチャードも契約更改の場で移籍を志願するような発言が聞かれて話題となっていた。選手がせっかく育ってきても、他球団で実績のある選手や外国人選手を獲得するためなかなか支配下の枠が空かず、自由契約を選択する選手が出てきているというのは大きな問題である。育成ドラフトから這い上がった甲斐、石川柊太の2人がFAで他球団へ移籍したというのも象徴的な出来事だった。そんなチーム状況を考えると、今後重要になるのは補強の封印と現有戦力の整理ではないだろうか。自前で育てた選手がしっかり自球団で花開くような体制を目指すことが重要だろう。

戦力チャート

投手陣はオフの補強でさらに層の厚さが増した
野手は打線は強力も捕手の甲斐が抜けた穴が不安

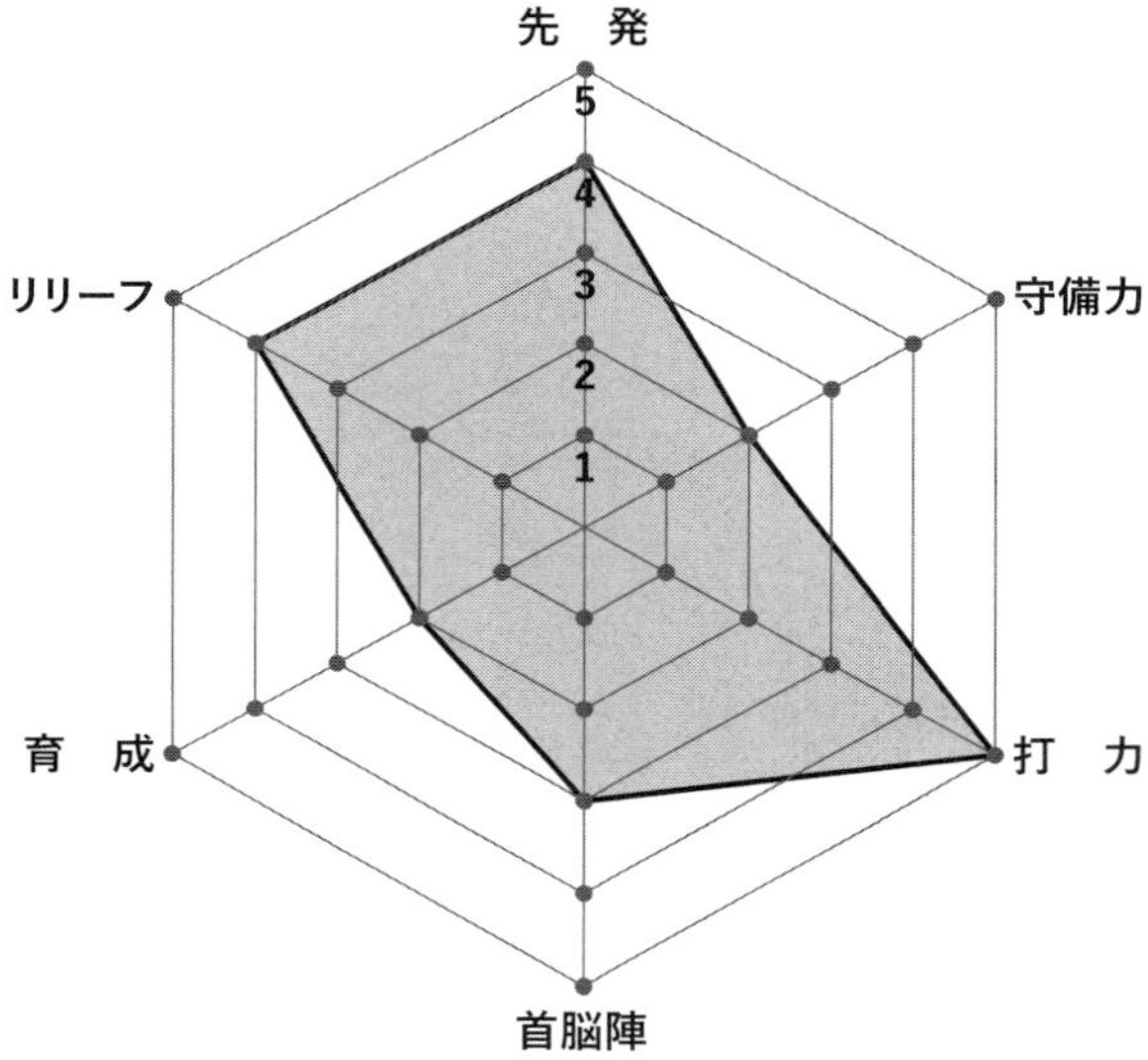

先発、リリーフとも細かい不安要素はあるものの、実績のある選手が揃い、他球団と比べれば強力であることは間違いない。打線も中軸の破壊力は抜群で、今年も他球団の脅威となりそうだ。最大の課題は甲斐拓也の抜けた穴と、全体的な若手の底上げだ。特に育成に大きな投資をしながら、投手も野手も外様が主力というのは寂しい限りである。一流選手の目がメジャーに向いていることを考えると今後も同様の補強ができる保証はないだけに、育成と編成面の見直しは必要になるだろう。

首脳陣分析　長期政権に向けて今年が勝負のシーズン

ミスターホークスと言える小久保裕紀監督就任1年目は見事にリーグ優勝を果たしたが、日本一奪還はならなかった。オフの契約更改では不満を漏らす選手も多く、全体的なチームの雰囲気は良いようには見えない。強さを持続させるためにも重要なのはやはり育てながら勝つことではないだろうか。新たなチームの象徴となるような選手を発掘することが重要になるだろう。

2位・藤田琉生（写真はアマチュア時代、著者提供）

北海道日本ハムファイターズ

HOKKAIDO NIPPONHAM FIGHTERS

2024チーム成績

75勝60敗8分（パ2位）

2024チーム勝率

.556

得点 532点（パ2位）　失点 485点（パ3位）

本塁打 111本（パ2位）　盗塁 91個（パ1位）

打率 .245（パ3位）　防御率 2.94（パ3位）　失策 75個（パ5位）

2024観客総動員 207万5734人（8位）

2024チーム総年俸 31.8億円（10位）

1位

強打者となる可能性も秘めた大型右腕

柴田獅子［18］

—投手—福岡大大濠高—

2年秋まで目立った実績はなかったが、最終学年で一気に評価を上げてドラフト1位まで上り詰めた。190㎝近い長身と恵まれた体格を誇るが、決して力任せにならずに合理的なフォームから速いボールを投げられるというのが最大の魅力だ。3年夏の福岡大会で初登板となった福岡工戦には10球団、30人を超えるスカウトが集結する前で5回参考ながらノーヒット・ノーランを達成。ストレートは自己最速を更新する149キロをマークし、四死球も0と圧巻の投球だった。また中軸を任せられている打撃も超高校級のパワーを誇り、左打者でありながら左中間に放り込む長打力を備えている。3年夏は福岡大会決勝で敗れて惜しくも甲子園出場は逃したが、7試合で5割以上の打率を残し、準々決勝では豪快な一発を放つなど打撃でも大きくアピールした。

課題となるのは変化球と投球術だ。スライダーは鋭く変化するボールだが、それ以外に頼れるボールがなく、長いイニングを投げると徐々に対応されることも多い。またストレートが走らない時は試合を作ることができず、敗れた夏の福岡大会決勝の西日本短大付戦では3回を持たずに早々に降板している。使える変化球を増やすことと、悪いなりのピッチングができるようになることが当面の課題と言えそうだ。ただこれだけ球種が少なくても高い評価を得たというところにスケールの大きさがよくうかがえる。高校の先輩である山下舜平大（オリックス）も高校時代はカーブしか投げていなかったが、プロでフォークを覚えて一気にブレイクしただけに、格好のお手本となりそうだ。

もう一つ気になるのが野手との両立だ。入団発表では球団から野手についての可能性も探りながら、最後は本人の判断に委ねるというコメントもあったが、それくらい打者としても高いポテンシャルを秘めていることは間違いない。安易に大谷翔平とは比較できないものの、投手、野手両面で一流となる可能性もあるだろう。

“二刀流”育成の実績があるチームだけに、柴田の歩む道にも注目が集まる。（写真：著者提供）

2位

規格外のスケールを誇る超大型左腕

藤田琉生［18］

―投手―東海大相模高―

198㎝という身長を誇る超大型サウスポー。3年春までは140キロ程度だったストレートが夏には最速150キロをマークするまでに急成長を遂げ、甲子園、U18アジア選手権でも見事な投球を見せて評価を上げた。

その長身とスピードが紹介されることが多いが、これだけの大型でも変化球を上手く操れる器用さがあるという方が希少価値が高い。独特の大きな変化を見せるナックルカーブと、ブレーキのあるチェンジアップはいずれも決め球として使えるボールだ。一方でストレートは数字ほど打者の手元で勢いが感じられず、バットに当てられることが多い。また長いイニングでは高い出力を維持するだけのスタミナはまだなく、夏の甲子園でも試合を追うごとに球威もダウンしていた。それでもこれだけの超大型左腕は貴重で、なかなかいないレベルの大器であることは間違いない。体力強化に励みながら二軍で実戦を積み、3年目には先発として一軍定着を目指したい。

DRAFT 2024

3位

スピードは大学球界屈指の本格派右腕

浅利太門［22］

—投手—明治大—

興国高校時代から大阪では評判だった大型右腕。明治大では投手陣の層の厚さもあって4年間でリーグ戦通算3勝にとどまったが、4年秋には抑えとして活躍を見せて3位という高い評価でのプロ入りとなった。ストレートは常時150キロ以上をマークし、スピードと空振りを奪えるボールの勢いは間違いなく大学球界でもトップクラスだ。一方でステップの幅が狭く、上半身に頼った部分が多いためコントロールには不安が残る。先発に挑戦した4年春もイニング数を上回る四死球を記録し、自滅するケースも目立った。変化球も全体的に変化が早く、ストレート以外の決め球がないのも課題だ。

大学生のドラフト3位指名だが、現在の完成度を考えると即戦力というよりも将来の主力として計算しておくのが妥当である。大学で短いイニングで力を発揮していることからも、適正としてはリリーフの方が高いように見える。必殺の決め球となる変化球を身につけて、数年後には抑えの座を争うような投手となることを期待したい。

4位

北関東で注目集めた大型高校生右腕

清水大暉［18］

―投手―前橋商高―

前橋商では2年夏にリリーフで活躍して甲子園にも出場。本大会では初戦で敗れ、清水自身も2／3回を投げて5失点で降板とほろ苦い全国デビューとなったが、それでも140キロを超えるスピードをマークして素材の良さを見せた。最終学年には最速149キロをマークするまでにスピードアップ。まだ体を持て余している印象は否めないが、190cmの長身と長いリーチを生かした豪快な腕の振りは迫力十分で、ボールの角度も申し分ない。5月の関東大会を視察した栗山英樹CBOもその素材の良さを絶賛していた。

ただ変化球では腕の振りが緩み、走者を背負うとスピードも明らかに落ちる。クイックやフィールディングなど投げる以外のプレーにも課題が多く、現時点では未完の大器という表現がピッタリ当てはまると言えるだろう。ただ昨年一軍の戦力となった柳川大晟や福島蓮の高校時代と比べればあらゆる面で上であることは間違いない。課題を一つ一つ潰しながらさらにスケールアップすれば、将来のエースとなる可能性もあるだろう。

DRAFT 2024

5位

抜群の守備力を誇る大学生ショート

山縣 秀［22］

―内野手―早稲田大―

早大学院時代は東京都内でも全く無名の存在だったが、2年秋にはショートのレギュラーに定着。3年時は1学年先輩の熊田任洋（トヨタ自動車）の希望もあってセカンドに回ったが、4年では再びショートに戻ると春にはベストナインを受賞し、大学日本代表にも選出された。最大の魅力は何といってもその高い守備力だ。軽やかなステップワークと柔らかいハンドリングで難しい打球も難なく処理し、捕球と同時に素早く送球できる持ち替えも見事だ。昨年8月にエスコンフィールドで行われた東京六大学野球のオールスター戦でも華麗なランニングスローを見せて北海道のファンを沸かせた。送球の強さは少し物足りなさが残るが、守備だけならすぐに一軍で通用する可能性も高い。課題となるのはバッティングだ。バットに当てる感覚は悪くないものの、打率3割を超えたのは4年春だけで、非力さは否めない。少しミートすることを重視し過ぎて良くない意味で打撃が小さくなっているだけに、一軍定着のためには振る力をつけることが重要になるだろう。

6位

大学4年秋に開花した本格派右腕

山城航太郎［22］

投手　法政大

中学時代はU15侍ジャパンにも選出。福岡大大濠でも入学時は同学年の山下舜平大（オリックス）よりも早くから注目を集めており、投手以外にも外野、ショート、サードとあらゆるポジションで活躍を見せた。法政大では3年秋にようやくリーグ戦デビューするなど少し伸び悩んでいた印象だが、最終学年でようやく本格化。4年秋にはリリーフで7試合に登板するフル回転の活躍を見せ、滑り込みで支配下指名を勝ち取った。

二段モーション気味のフォームでテイクバックで少し右肩が下がる動きが大きいのは気になるが、高い位置から投げ下ろすストレートはコンスタントに150キロ前後をマークする。決め球のフォークも腕を振って投げることができ、打者の手元で鋭く落ちるボールで三振を奪えるのも魅力だ。実績は乏しいものの、4年秋だけの投球を見れば3位の浅利よりも安定感は上回っているように見えた。二軍のリリーフで結果を残せば、1年目から一軍のブルペン陣に加わる可能性もあるだろう。

DRAFT 2024

育成

育成1位
川勝空人
投手／生光学園高

育成2位
澁谷純希
投手／帯広農高

高校時代は怪我に泣くも…素材は一級品の投手2人を獲得

育成1位の川勝は四国では早くから評判となっていたパワーピッチャー。2年夏には早くも150キロをマークしており、スピードは世代でもトップクラスだ。3年春にひじを痛め、夏は明らかに本調子ではなかったため育成での指名となったが、馬力は高校生離れしたものがある。2年目から二軍の先発定着を目指したい。

育成2位の澁谷も2年春にひじを痛めてしばらくは外野手としてプレーしていたが、3年夏の直前に投手として復帰すると帯広地区予選では1試合22奪三振をマークして一気に評価を上げた。高校で投げられた時期は短かっただけに無理は禁物だが、貴重な地元出身の大器としてかかる期待は大きい。

▶2022

1位 矢澤宏太
（投手／日本体育大）

2位 金村尚真
（投手／富士大）

3位 加藤豪将
（内野手／ニューヨーク・メッツ）

4位 安西叶翔
（投手／常葉大附属菊川高）

5位 奈良間大己
（内野手／立正大）

6位 宮内春輝
（投手／日本製紙石巻）

▶2023

1位 細野晴希
（投手／東洋大）

2位 進藤勇也
（捕手／上武大）

3位 宮崎一樹
（外野手／山梨学院大）

4位 明瀬諒介
（内野手／鹿児島城西高）

5位 星野ひので
（外野手／前橋工業高）

過去ドラフト通信簿

65点

河野、伊藤以外は苦しい印象

基本的にドラフト1位はポジションにかかわらずその年最も高く評価している選手を指名する〝ナンバーワン戦略〟を掲げている日本ハム。ただ過去5年は市場の影響もあるが、単独1位指名が3度となっており、そこまで大物は獲得できていない。そんな中で河野竜生は中継ぎ、伊藤大海は先発の柱として十分な活躍は見せている点は評価できるが、それ以外は2位以下も含めて苦しんでいる選手が多い印象を受ける。

２０１９年に指名した選手は河野以外で球団に残っているのは捕手の梅林優貴だけで、２０２２年3位の加藤豪将もわずか2年で引退となり、4位の安西叶翔、6位の宮内春輝も故障もあって育成契約に切り替わっている。特に気になるのが高校卒の選手が順調に育っ

▶2019

1位 河野竜生
（投手／JFE西日本）

2位 立野和明
（投手／東海理化）

3位 上野響平
（内野手／京都国際高）

4位 鈴木健矢
（投手／JX-ENEOS）

5位 望月大希
（投手／創価大）

6位 梅林優貴
（捕手／広島文化学園大）

7位 片岡奨人
（外野手／東日本国際大）

▶2020

1位 伊藤大海
（投手／苫小牧駒澤大）

2位 五十幡亮汰
（外野手／中央大）

3位 古川裕大
（捕手／上武大）

4位 細川凌平
（内野手／智辯学園和歌山高）

5位 根本悠楓
（投手／苫小牧中央高）

6位 今川優馬
（外野手／JFE東日本）

▶2021

1位 達 孝太
（投手／天理高）

2位 有薗直輝
（内野手／千葉学芸高）

3位 水野達稀
（内野手／JR四国）

4位 阪口 樂
（投手／岐阜第一高）

5位 畔柳亨丞
（投手／中京大附属中京高）

6位 長谷川威展
（投手／金沢学院大学）

7位 松浦慶斗
（投手／大阪桐蔭高）

8位 北山亘基
（投手／京都産業大）

9位 上川畑大悟
（内野手／NTT東日本）

ていない点だ。昨シーズンの終盤に2021年1位の達孝太がようやくプロ初勝利をマークしたものの、いまだに完全な一軍の主力となっている選手はいない。育成ドラフトで指名した福島蓮、柳川大晟が3年目から一軍である程度の結果を残したのは嬉しい誤算と言えるが、2018年以前に指名した選手も含めて、戦力化するスピードが落ちたことが、チームの低迷に繋がった要因の一つと言えるだろう。

昨年は2位に躍進したが、他球団から移籍してきた選手の活躍が目立ち、過去5年のドラフトで獲得した選手の貢献度は決して大きくはなかった。また達以外にも金村尚真、細野晴希など楽しみな投手はいるが、野手のプロスペクトは多くない印象だ。FAやメジャーで退団する選手が多い球団だけに常に備えは必要となる昨年のドラフトも投手中心の指名だっただけに、今後はスケールの大きい野手を積極的に狙いたい。

▼2025年 北海道日本ハムファイターズ 年齢構成早見表

年齢	投手		捕手		内野手		外野手	
	右投げ	左投げ	右打ち	左打ち	右打ち	左打ち	右打ち	左打ち
40		宮西尚生						
39								
38								
37								
36								
35	バーヘイゲン		伏見寅威					
34	福谷浩司					中島卓也		
33	杉浦稔大 玉井大翔	加藤貴之 山﨑福也						
32						若林晃弘 （両打）	松本 剛	
31	田中正義 池田隆英	上原健太				石井一成		
30	生田目翼 齋藤友貴哉						レイエス	
29	ザバラ 石川直也	福田 俊	マルティネス 清水優心					淺間大基
28	伊藤大海		郡司裕也			上川畑大悟	今川優馬	
27		河野竜生 堀 瑞輝	梅林優貴	古川裕大				五十幡亮汰
26	北山亘基					清宮幸太郎		
25	金村尚真 古林睿煬 山本拓実	矢澤宏太		田宮裕涼	野村佑希 奈良間大己	水野達稀	万波中正	
24			吉田賢吾				水谷 瞬 宮崎一樹	
23	浅利太門 山城航太郎	細野晴希	進藤勇也		山縣 秀	細川凌平		
22	福島 蓮 柳川大晟 畔柳亨丞	根本悠楓 松浦慶斗			有薗直輝	阪口 樂		
21	達 孝太							
20					明瀬諒介		星野ひので	
19	柴田獅子 清水大暉	藤田琉生						

※2025年2月1日現在。年齢は2025年の誕生日時。

全体的に主力は若手、中堅が多く、まだまだチームとしての余力は感じる年齢構成となっている。そんな中で少し気になるのが左の先発投手だ。加藤貴之、山﨑福也の２人が揃って今年で33歳となり、同じタイミングで成績を落としていく恐れもある。後釜候補としては細野晴希、根本悠楓の名前が挙がるが、まだ盤石とは言えないだけに、ドラフト２位で獲得した藤田琉生を早く戦力化できるかが重要だろう。一方の野手はどのポジションもある程度若手の実力者が揃っているが、過去のドラフト採点でも触れたように若手はまだ未知数な選手が多いだけに、今後の補強は必要不可欠である。

投手

先発、リリーフともに若干の不安要素が

先発は伊藤大海、加藤貴之、山崎福也の3人が二桁勝利をマーク。2年目の金村尚真、3年目の北山亘基も成績を伸ばしており、外国人投手に頼らなくてもある程度ローテーションの目途は立っている印象だ。リリーフも田中正義、河野竜生、杉浦稔大と実績のある3人に加えて生田目翼、山本拓実、齋藤友貴哉などが成績を上げており、大ベテランの宮西尚生もまだ力がある。一度自由契約となったザバラとも再契約を果たした。昨年のチーム防御率は3位だったが、今年もリーグで上位の戦力は揃っている。

ただ不安要素があるのも確かである。先発では年齢構成表でも触れたように加藤、山崎が完全にベテランとなっており、昨年から成績を落とすことも考えられる。リリーフも抑えの田中は昨シーズンの途中で調子を落として中継ぎに配置転換となっており、代役を務めた柳川大晟も登板を重ねるうちに球威が落ちて、スタミナ不足の感は否めなかった。ドラフトで獲得した投手も将来の戦力ばかりであり、昨年16試合の登板にとどまったザバラを一度自由契約としながら再契約したのも不安の表れと言える。全体的な層は決して厚くないだけに、若手からの戦力発掘が重要になりそうだ。

野手

打線の厚みはリーグでも屈指

昨年のチーム得点と本塁打数はソフトバンクに次ぐリーグ2位、盗塁数はリーグ1位とあらゆる指標で前年から大きなプラスとなった。大きな強みはレイエス、万波中正、清宮幸太郎、マルティネス、郡司裕也と二桁ホームランをマークした選手が5人揃っているという点だ。加えて昨年現役ドラフトで加入した水谷瞬もセ・パ交流戦ではMVPを獲得するなど大きくブレイクしており、捕手の田宮裕涼もプロ6年目で大きく才能を開花させた。野村佑希や現役ドラフトで加入した吉田賢吾も控えており、全員が30歳以下ということを考えてもさらに成績を伸ばすことも期待できるだろう。

今年の課題となるのが打線の固定化と守備面の強化だ。昨年は同じ打順で100試合以上に出場した選手はおらず、マルティネスの4番で79試合出場が最多。日替わり打線は卒業して上位はそろそろ固定したい。守備に関してもチーム失策数75はオリックスに次ぐリーグワースト2位。特に課題は二遊間で、昨年はショートの水野達稀が成長を見せたもののまだ不安な部分は大きく、セカンドも固定することができなかった。守備に定評のある上川畑大悟、ルーキーの山縣秀などを上手く活用していくことも重要になりそうだ。

▼北海道日本ハムファイターズ 2024年個人投手成績

選手名	勝利	敗戦	S	H	防御率	奪三振率	与四球率	K／BB	WHIP
加藤貴之	10	9	0	0	2.70	5.56	0.92	6.06	1.15
伊藤大海	14	5	0	0	2.65	8.22	1.99	4.13	1.07
山﨑福也	10	6	0	0	3.17	4.51	1.71	2.64	1.15
金村尚真	7	6	0	6	2.38	6.49	1.59	4.08	1.03
北山亘基	5	1	0	1	2.31	9.59	3.09	3.11	0.98
福島 蓮	2	3	0	0	3.54	5.16	2.51	2.06	1.11
田中正義	4	4	20	12	2.17	8.52	3.08	2.76	1.01
河野竜生	1	4	0	33	2.13	7.02	2.34	3.00	1.04
生田目翼	1	1	1	9	3.89	7.34	1.94	3.78	1.37
杉浦稔大	2	0	3	15	1.56	5.97	3.12	1.92	1.04
マーフィー	1	2	0	13	3.26	6.98	3.49	2.00	1.19
山本拓実	6	0	0	3	1.82	6.81	2.04	3.33	1.11
宮西尚生	0	1	0	19	2.10	8.42	3.51	2.40	1.09
池田隆英	2	1	0	15	3.80	8.37	3.42	2.44	0.97
齋藤友貴哉	1	1	1	5	1.71	8.54	4.10	2.08	1.33
柳川大晟	1	3	8	1	4.09	8.18	6.14	1.33	1.18

▼北海道日本ハムファイターズ 2024年個人打撃成績

選手名	打率	本塁打	打点	得点圏	出塁率	長打率	OPS	得点	盗塁	失策
万波中正	.252	18	60	.248	.310	.425	.735	60	2	6
郡司裕也	.256	12	49	.287	.321	.370	.691	52	2	11
松本 剛	.236	1	19	.190	.279	.288	.568	46	20	3
マルティネス	.234	13	57	.243	.336	.405	.740	42	2	4
レイエス	.290	25	65	.271	.348	.564	.912	39	0	0
水野達稀	.220	7	37	.258	.251	.355	.606	30	9	12
水谷 瞬	.287	9	39	.375	.335	.443	.779	41	4	3
田宮裕涼	.277	3	30	.321	.334	.358	.693	28	10	4
清宮幸太郎	.300	15	51	.394	.374	.524	.898	43	1	5
上川畑大悟	.248	1	16	.250	.321	.291	.611	25	5	4
石井一成	.234	4	18	.200	.281	.360	.641	20	2	2
伏見寅威	.242	0	21	.349	.267	.273	.540	9	0	2
野村佑希	.210	2	9	.179	.250	.315	.565	8	2	0
奈良間大己	.180	0	7	.152	.190	.209	.399	10	2	3
五十幡亮汰	.161	0	3	.091	.210	.196	.407	38	18	1
淺間大基	.275	1	11	.211	.336	.358	.694	16	4	2

ファーム

高卒の若手は多いが、数年以内の一軍定着がカギ

スカウティングと育成で勝つ、ということを掲げているだけにファームからいかに早く選手を輩出するかがチーム編成の肝と言える部分である。そのためここ数年はＦＡ戦線にも積極的に参戦しているが、基本的に余剰戦力は持たずに、ファームは若手の育成に注力していることがよく分かる。投手では達孝太、根本悠楓、畔柳亨丞といった高校卒の若手が成績上位に並んだ。高校時代の評価と過去の日本ハムを考えるともう少し早く一軍の戦力となっていてほしい顔ぶれではあるが、まだまだ若さがあり、ここから大きく成長することも期待できる。達と根本は先発、畔柳はリリーフとして今年はある程度一軍の戦力となることができれば、一気に投手陣の将来も明るくなるだろう。

一方の野手も有薗直輝、阪口樂という高校卒の大砲候補が多くの打席数を経験しているのはいかにも日本ハムらしさを感じる。ただともにホームラン数はそれなりに増えてきているものの、打率は２割前後を推移しており、三振も多く、確実性がなかなか上がってこないのが気になるところだ。二軍ではせめて３割以上の出塁率、４割以上の長打率をマークしないと一軍に抜擢するのは難しいだろう。二軍の野手で逆の意味で気になるのが野村

▼2024年ファーム個人投手成績

選手名	勝利	敗戦	S	H	防御率	奪三振率	与四球率	K／BB	WHIP
達 孝太	6	3	0	0	3.72	7.66	3.62	2.11	1.32
根本悠楓	5	5	0	0	2.82	6.26	3.56	1.76	1.20
上原健太	6	3	0	0	2.57	7.84	1.67	4.69	1.20
畔柳亨丞	3	2	1	0	2.98	8.32	3.14	2.65	1.12
鈴木健矢	2	3	0	0	3.74	3.40	2.38	1.43	1.30
バーヘイゲン	2	4	0	0	3.06	7.85	2.30	3.42	1.32

▼2024年ファーム個人打撃成績

選手名	打率	本塁打	打点	得点圏	出塁率	長打率	OPS	得点	盗塁	失策
有薗直輝	.231	9	40	-	.298	.346	.644	45	1	17
阪口 樂	.196	11	41	-	.266	.343	.609	48	7	12
宮崎一樹	.243	2	17	-	.288	.330	.618	28	10	2
細川凌平	.327	3	15	-	.447	.496	.942	23	10	5
古川裕太	.222	4	24	-	.287	.354	.642	22	0	5
進藤勇也	.218	4	12	-	.310	.346	.657	20	0	5

佑希と細川凌平の2人だ。ともに二軍での成績は3割を大きく超えており、格の違いを見せつけているが、昨年の一軍成績は野村が30安打、細川が12安打と寂しい数字に終わっている。他の選手が台頭してきているというのはあるものの、高校卒の生え抜きということを考えると彼らがレギュラーに定着できるかできないかというのはチームに与える影響も大きい。今年は揃って年間を通じて一軍に定着することが望まれる。

他にも投手、野手とも楽しみな若手がいる一方で伸び悩んでいる中堅も少なくないのが現状だ。過去にもトレードを上手く活用して補強しているだけに、今年以降も積極的にトレードをしかけて戦力を整えていくことも必要になってくるだろう。

戦力チャート

先発、リリーフともに実績のある選手が揃う
打線も長打のある打者が並び、得点力も高い

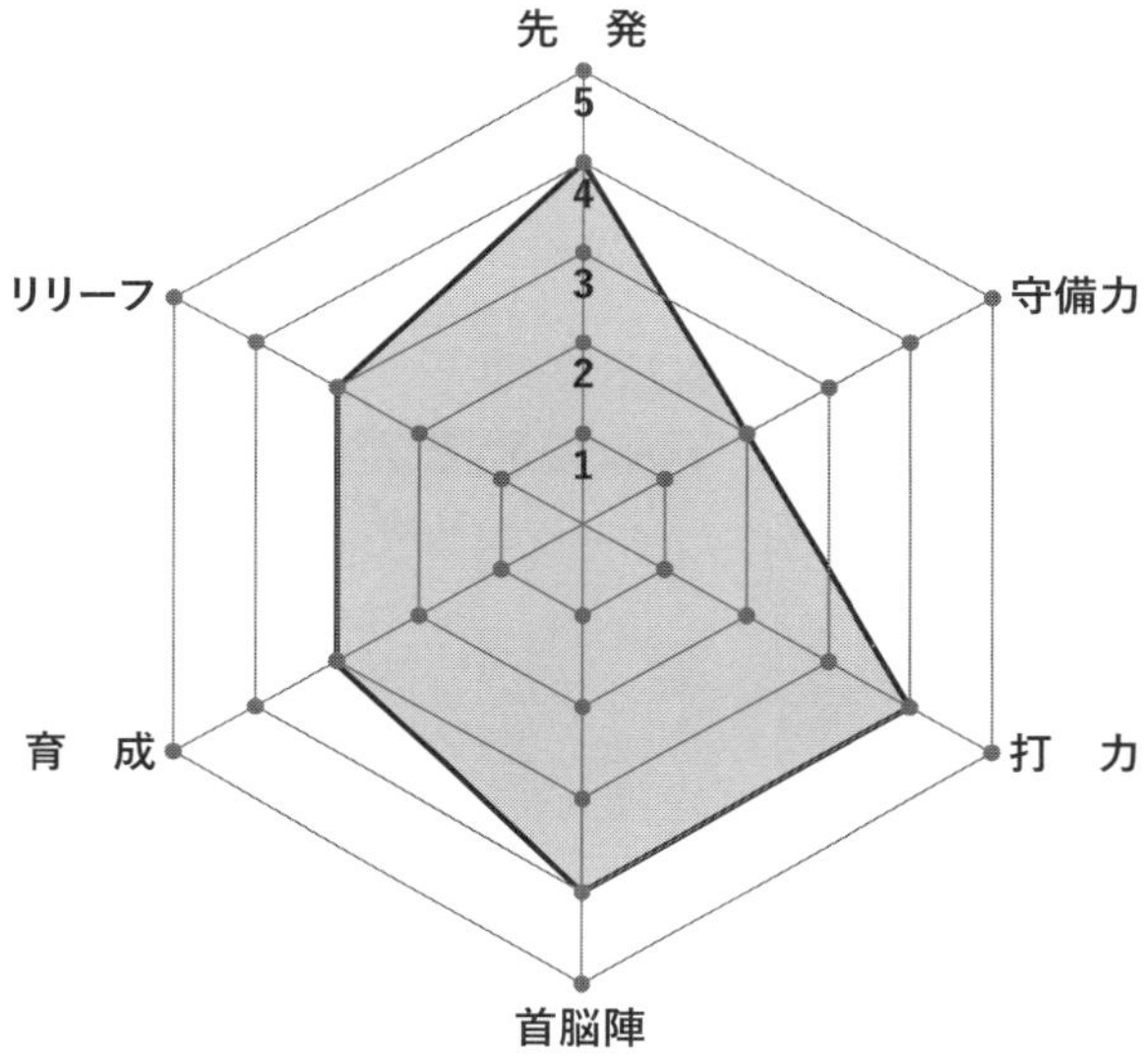

先発は昨年二桁勝利をあげた３人以外にも成績を伸ばしそうな選手が多く、他球団と比べても強力な布陣と言える。リリーフも盤石ではないものの、ある程度計算できるメンバーが揃った。それ以上に強みとなるのが打線で、20本塁打以上を期待できる選手も多い。３年連続最下位に沈みながら選手を見極めて整理し、育成と補強が上手く噛み合ってきた印象を受ける。ライバルのソフトバンクが甲斐拓也の退団で大きな不安もあるだけに、今年は優勝を狙う大きなチャンスのシーズンとなりそうだ。

首脳陣分析　球団のバックアップ体制も強力に

就任から2年連続で最下位に沈んだ新庄剛志監督だったが、選手を試しながら引き上げて昨年は2位へと躍進した。大きな風呂敷を広げる発言が多いことから批判の声も多いものの、その手腕は評価できる。また球団も新本拠地へ移転したことで積極的な補強に動けるようになったことも大きなプラスだ。楽しみな若手が伸びてくれれば、ソフトバンクの対抗馬となる可能性は高い。

5位・廣池康志郎（写真はアマチュア時代、著者提供）

千葉ロッテマリーンズ

CHIBA LOTTE MARINES

2024チーム成績

71勝66敗6分（パ3位）

2024チーム勝率

.518

得点 493点（パ3位） 失点 495点（パ5位）

本塁打 75本（パ3位） 盗塁 64個（パ5位）

打率 .248（パ2位） 防御率 3.17（パ5位） 失策 71個（パ3位）

2024観客総動員 191万5246人（10位）

2024チーム総年俸 37.7億円（6位）

1位

打球の角度が魅力の強打の外野手

西川史礁［21］

―外野手―青山学院大―

龍谷大平安では2年春に選抜高校野球に出場。当時は背番号16の控えショートで、レギュラーメンバーの寝坊により出場機会を得てヒットも放っていたが、プロのスカウトが注目するような選手ではなかった。青山学院大でも2年まではほとんどリーグ戦での出場機会はなかったものの、3年春に外野手に転向してレフトのレギュラーに定着するといきなり3本塁打を放ってMVPを受賞。続く大学選手権でも5割近い打率を残して大学日本代表にも選出され、一躍大学球界を代表する選手となった。昨年3月に行われた侍ジャパントップチームの強化試合でも2試合でツーベースを含む3安打と結果を残している。

最大の魅力はホームランバッターらしい打球の角度があることだ。大学の4年間で見違えるほど体が大きくなり、打球の速さと飛距離も着実にアップ。打った瞬間に分かるホームランも多かった。4年時には相手の厳しいマークもあって、なかなか思うような打球が上がらないことも多かったが、追い込まれてから少しノーステップ気味にしてミート力を上げるなど、対応力の高さも十分に備えている。全国大会や国際大会でもしっかり結果を残してきたのも見事だ。

一方で課題となるのが打撃以外のプレーと本当の意味でのパワーだ。センターの守備は安心して見ていられるレベルにはあるが、足と肩は大学のトップクラスの選手たちに入ると平凡に見えた。守備範囲の広さなどを考えると、プロでセンターを守れるかは少し疑問が残る。また持ち味の打撃も飛ばすコツは持っているものの、リーグ戦通算本塁打は6本にとどまっており、スイングスピードと打球の速さはプロの一軍に入るとそこまで目立たない可能性も高いだろう。それでもチームが期待するのはやはりホームラン、長打をコンスタントに打てる打者になることである。1年目はある程度打率には目をつぶっても、ホームランにこだわるスタイルを確立してもらいたい。

チーム全体で昨季75本と本塁打不足のチームにとって、光の存在となるか。(写真:著者提供)

2位

即戦力として期待の強打のセカンド

宮崎竜成［24］

―内野手―ヤマハ―

創志学園では西純矢（阪神）の1学年上で、2年春、3年夏に甲子園に出場。立命館大でも1年秋からレギュラーとしていきなり3割を超える打率をマークしたが、その後は右ひじの故障もあって成績を落とし、卒業後はヤマハへ進んだ。社会人1年目は右ひじのリハビリでわずかな出場に終わったものの、2年目の昨年はセカンドのレギュラーに定着。都市対抗予選では4試合で打率5割という見事な成績を残し、2位指名でのプロ入りとなった。173㎝と上背はないものの、社会人で一回り体格が大きくなり、広角に長打を打てるバッティングが最大の持ち味。左投手も苦にせず、スタンドまで運ぶパワーも備えている。セカンドの守備はそこまで突出したものは感じないが、脚力は申し分なく、守備範囲の広さも十分だ。期待されるのは即戦力としての活躍である。今季は中村奨吾が再びセカンドに戻ると報じられているが、確実に力が落ちているように見えるだけに、持ち味のパンチ力とスピードをアピールして、レギュラー争いに加わりたい。

DRAFT 2024

3位

リリーフタイプの長身右腕

一條力真［21］

投手｜東洋大

常総学院では甲子園出場こそなかったものの、当時からスケールの大きさが話題となっていた大型右腕。東洋大ではなかなか投球が安定せず、わずかな登板に終わるシーズンが続いたが、4年秋に抑えとしてフル回転の活躍を見せてチームを一部復帰に導き、自身も3位指名を受けてのプロ入りとなった。190㎝の長身と長いリーチを生かした豪快な腕の振りが持ち味で、好調時はコンスタントに150キロを超える。落差が大きくブレーキのあるフォークも決め球として十分なボールだ。ただコントロールはまだまだアバウトで、投げてみないと分からない不安定さが課題。四球で走者を背負うことも多く、制球重視だとストレートの勢いが大きく落ちるのも難点だ。それでもフォークという絶対的な決め球があり、三振を奪えるのもクローザー向きであるように見える。大学でも結果を残したシーズンは少なかっただけに、まずはフォームの安定感とコントロールのレベルアップを図り、二軍で結果を残して将来のクローザー定着を目指したい。

4位

坂井 遼［18］

夏の甲子園準優勝の本格派右腕

―投手―関東第一高―

中学時代は外野手で、高校から投手に転向して大きく成長した右腕。3年夏は東東京大会、甲子園の合計10試合に全てリリーフで登板して、チームの全国準優勝に大きく貢献した。左足を高く上げても姿勢が崩れず、跳ねるような躍動感のあるフォームから投げ込むストレートはコンスタントに145キロを超える。春から夏にかけてコントロール、変化球も大きくレベルアップを果たした。ただ、リリーフで起用され続けてきたことからも分かるように、まだ高い出力を長いイニング維持するだけの体力はないように見える。夏の甲子園後に行われたU18アジア選手権でも調子が上がらず、本来のピッチングを見せることはできなかった。ただ逆に言えば投手経験が浅く、体つきも細身だけに、これからまだまだ成長する可能性は高い。高校卒だけにリリーフタイプと安易に決めつけずに、あらゆる可能性を模索するべきだろう。昨年指名した木村優人、早坂響の高校生投手と切磋琢磨して、将来のローテーション入りを目指したい。

DRAFT 2024

5位

スケールの大きさは抜群の大学生右腕

廣池康志郎［22］

―投手―東海大九州キャンパス―

都城農業時代は全く無名の存在だったが、大学で大きく成長した大型右腕。昨年春のリーグ戦は体調不良で出遅れ、大学選手権でも初戦で敗れたものの5回を投げて2失点と試合を作り、最速は151キロをマークしている。秋は安定感も増してさらに評価を上げ、支配下指名を勝ち取った。

まだ長身と長い手足を持て余しているように見え、ストレートも数字ほど威力を感じられずにバットに当てられることが多いが、全体的なフォームのバランスは悪くない。ストライクゾーンに投げられるだけの制球力もあり、四球で自滅するようなことがないのも長所だ。大学生でも即戦力ではなく将来性が評価されているタイプで、本格化するのは数年後と考えておくのが妥当だろう。スケールの大きさは大学球界の中でも上位で、順調にいけば160キロ近いスピードをマークすることも十分期待できる。1年目は実戦よりも体力作りとフォーム固めに注力して、さらなるスケールアップを図りたい。

6位

高いミート力が持ち味の強打者

立松由宇［25］

―内野手―日本生命―

藤代高校、立正大では強打の捕手として活躍。大学4年秋には東都一部でベストナインにも輝いている。日本生命でも1年目から正捕手となり、2年目にドラフト候補として名前が挙がっていたが指名はなく、石伊雄太（中日4位）の加入もあって3年目には内野手に転向。持ち味だった打撃を伸ばして社会人4年目にしてドラフト指名を受けた。元々パンチ力には定評があったが、社会人で年々確実性がアップし、昨年の都市対抗予選では6割近い打率をマーク。本大会では初戦で敗れたものの1安打、1四球を記録して存在感を示した。タイプとしてホームランバッターではないが、甘いボールはスタンドまで運ぶ長打力も備えている。今年で26歳という年齢を考えても1年目からが勝負となるが、気になるのが守備面だ。過去2年間は常にファーストとして出場していたが、外国人選手との勝負となるとやはり分が悪い。一軍定着を目指すには持ち味の打撃でアピールするだけでなく、他のポジションへの挑戦も必要になりそうだ。

DRAFT 2024

育成

育成1位
谷村 剛
内野手／和歌山東高

育成2位
茨木佑太
投手／帝京長岡高

育成3位
長島幸佑
投手／富士大

谷村はミート力、茨木と長島はスケールが魅力

育成1位の谷村は高いミート力が光るサード。ホームラン打者ではないが、強く広角に打ち分け、〝紀州の角中勝也〟の異名をとる。お手本となる選手がチームにいることは大きなプラスなだけに、打撃に磨きをかけて、二軍の定位置確保を目指したい。

育成2位の茨木は新潟で評判になっていた大型右腕。堂々とした体格の割にまだスピードは140キロ程度と物足りないが、制球力と投手としてのセンスの高さが光る。良さを残したまま出力アップできるかがポイントとなるだろう。

育成3位の長島も将来性が魅力の右腕。フォームは荒々しく安定感は課題も、好調時のボールの勢いは素晴らしいものがある。制球力を磨いてまずは二軍で結果を残したい。

▶2022

1位 菊地吏玖
（投手／専修大）

2位 友杉篤輝
（内野手／天理大）

3位 田中晴也
（投手／日本文理高）

4位 高野脩汰
（投手／日本通運）

5位 金田優太
（内野手／浦和学院高）

▶2023

1位 上田希由翔
（内野手／明治大）

2位 大谷輝龍
（投手／富山GRNサンダーバーズ）

3位 木村優人
（投手／霞ヶ浦高）

4位 早坂 響
（投手／幕張総合高）

5位 寺地隆成
（捕手／明徳義塾高）

過去ドラフト通信簿

60点

少数精鋭も成功率は低めの印象

昨年は支配下で6人を指名したが、それ以前の5年間は全て5人の指名に終わっており、合計25人という数字は12球団で最少である。2019年は1位から4位までの4人がある程度戦力になったものの、佐々木朗希は昨シーズン限りで退団。それ以降ではリリーフの鈴木昭汰、ショートの友杉篤輝くらいしか成功選手は見当たらない。育成での指名人数は以前よりも増えているが、そこから戦力となっている選手もほとんどおらず、現時点での全体的な成功率は低いと言わざるを得ないのが現状だ。

救いは今後の飛躍が期待できる選手が多いという点だ。投手では2022年ドラフト1位の菊地吏玖が2年目で成績を伸ばし、同期で高校卒の田中晴也も昨年

▶2019

1位 佐々木朗希（投手／大船渡高）
2位 佐藤都志也（捕手／東洋大）
3位 髙部瑛斗（外野手／国士舘大）
4位 横山陸人（投手／専修大松戸高）
5位 福田光輝（内野手／法政大）

▶2020

1位 鈴木昭汰（投手／法政大）
2位 中森俊介（投手／明石商業高）
3位 小川龍成（内野手／國學院大）
4位 河村説人（投手／星槎道都大）
5位 西川僚祐（外野手／東海大付属相模高）

▶2021

1位 松川虎生（捕手／市立和歌山高）
2位 池田来翔（内野手／国士舘大）
3位 廣畑敦也（投手／三菱自動車倉敷オーシャンズ）
4位 秋山正雲（投手／二松学舎大附属高）
5位 八木 彬（投手／三菱重工West）

一軍デビューを果たしている。また大谷輝龍、木村優人もルーキーイヤーにポテンシャルの高さの片鱗を見せた。昨年のドラフトで獲得した投手もスケールの大きさは申し分ないだけに、彼らが順調に成長していけば佐々木の穴を埋めることも期待できる。

一方の野手も小川龍成が4年目の昨シーズンキャリアハイの成績を残し、ルーキーの上田希由翔、寺地隆成の2人も二軍では十分な成績を残した。また育成出身の山本大斗も貴重な大砲候補として楽しみな選手だ。今後のカギとなるのが2021年に指名した松川虎生、池田来翔、廣畑敦也、八木彬の3人だ。ルーキーイヤーから一軍で出場機会を得たものの、なかなか一軍定着を果たせない状況が続いている。特に松川は二軍でも成績を落としているのは誤算だ。彼らが揃って今年巻き返しを見せることができれば、全体的な評価も一気に高くなる可能性はありそうだ。

▼2025年 千葉ロッテマリーンズ 年齢構成早見表

※2025年2月1日現在。
年齢は2025年の誕生日時。

年齢	投手		捕手		内野手		外野手	
	右投げ	左投げ	右打ち	左打ち	右打ち	左打ち	右打ち	左打ち
40							荻野貴司	
39	美馬 学							
38								角中勝也
37	澤村拓一 石川 歩							
36	益田直也 唐川侑己				ソト			
35								
34	西野勇士 石川柊太 国吉佑樹 ゲレーロ						岡 大海	ポランコ
33					中村奨吾			
32	西村天裕		柿沼友哉			藤岡裕大	石川慎吾	
31	澤田圭佑	坂本光士郎	田村龍弘					
30	二木康太	サモンズ						
29	東妻勇輔 小野 郁 岩下大輝	小島和哉 中村稔弥						
28	廣畑敦也 八木 彬 河村説人		植田将太		大下誠一郎		愛斗	髙部瑛斗
27	種市篤暉	鈴木昭汰 高野脩汰		佐藤都志也	茶谷健太 石垣雅海	小川龍成		
26					池田来翔	安田尚憲 立松由宇		和田康士朗
25	菊地吏玖 大谷輝龍				友杉篤輝	宮崎竜成	山口航輝	藤原恭大
24	横山陸人					上田希由翔		
23	中森俊介 廣池康志郎						山本大斗	
22	一條力真		松川虎生				西川史礁	
21	田中晴也							
20	木村優人 早坂 響			寺地隆成		金田優太		
19	坂井 遼							

ドラフトでの指名が少なかった理由の一つがベテランの多さだ。投手では美馬学、澤村拓一、石川歩、益田直也、唐川侑己、野手では荻野貴司、角中勝也、ソトが35歳以上で、その多くがまだ主力である。それ以外のレギュラーも30歳以上が多く、ベテランへの依存度の高さは12球団でもトップであることは間違いない。ドラフト上位で指名した安田尚憲、藤原恭大、東妻勇輔、池田来翔などの中堅が伸び悩んでいることが世代交代が進まない要因と言える。その下の世代には楽しみな選手がいるだけに、彼らを引き上げられるかが重要だろう。

投手

先発、リリーフともに若手の底上げが必要

昨年のチーム防御率はパ・リーグ5位。そこから10勝をマークした佐々木朗希と126回1／3を投げたメルセデスが抜け、さらに苦しくなった印象は否めない。先発は小島和哉、種市篤暉、西野勇士と実績のある三人が中心となり、FAでソフトバンクから石川柊太も加入したが、いずれも大きく貯金を作れるタイプではない。ベテランの唐川侑己が再び先発に戻るというのも、ローテーションのコマ不足をよく表していると言える。

一方のリリーフも抑えの益田直也に絶対的な安心感がなく、澤村拓一、国吉佑樹なども年齢を考えるとフル回転の活躍は厳しくなっている印象を受ける。2022年に49試合に登板したゲレーロが3年ぶりに復帰したものの、過去2年はメキシコとマイナーでプレーしており、勝ちパターンとして機能するかは未知数だ。

優勝争いに加わるにはやはり若手の底上げが必要不可欠となる。昨年はリリーフで鈴木昭汰、横山陸人が成績を伸ばしたが、まだまだ十分とは言えない。過去のドラフト採点でも触れた菊地吏玖、田中晴也に加えて一軍である程度の実績がある中森俊介、廣畑敦也などがどこまで成長できるかがカギとなりそうだ。

野手

外国人とベテラン頼みからの脱却を

昨年のチーム打率はリーグ2位、チーム得点とホームラン数はリーグ3位と悪くないが、内訳を見てみると75本塁打中44本塁打がポランコとソトの外国人2人が占めており、その依存度は極めて高い。この2人にまだ若さがあればいいが、今年でソトが36歳、ポランコも34歳と完全にベテランとなっており、成績を落とすと考えておくのが妥当だろう。彼らに次ぐ7本塁打を放った岡大海も今年で34歳となっており、長くチームリーダー的な存在だった中村奨吾も年々成績を落としている。ここから上がり目のあるレギュラーは捕手の佐藤都志也だけで、投手以上に世代交代が必要な状況だ。

まず奮起を促したいのが藤原恭大だ。昨年は故障で出遅れたものの、夏場以降は安定した打撃を見せて3割近い打率をマークしている。過去のシーズンでも攻守に素晴らしいプレーを見せながら、それが維持できないというのが大きな課題だ。脚力と長打力を備えた藤原が1年を通じて中軸に定着できれば、得点力も上がる可能性は高い。加えて長打力のある山本大斗、上田希由翔、ルーキーの西川史礁、宮崎竜成なども積極的に抜擢して、何とか外国人とベテランへの依存度を低くしたいところだ。

▼千葉ロッテマリーンズ 2024年個人投手成績

選手名	勝利	敗戦	S	H	防御率	奪三振率	与四球率	K／BB	WHIP
小島和哉	12	10	0	0	3.58	7.27	1.98	3.67	1.18
種市篤暉	7	8	0	0	3.05	9.04	2.32	3.89	1.13
メルセデス	4	8	0	0	2.71	6.48	2.42	2.68	1.04
西野勇士	9	8	0	0	3.24	5.66	2.28	2.48	1.23
佐々木朗希	10	5	0	0	2.35	10.46	2.59	4.03	1.04
鈴木昭汰	2	2	5	27	0.73	7.66	3.28	2.33	1.01
益田直也	1	4	25	6	2.59	7.56	3.02	2.50	0.98
横山陸人	3	1	3	18	1.71	7.93	2.79	2.85	0.95
国吉佑樹	3	1	1	10	1.51	4.54	2.59	1.75	1.03
澤村拓一	1	2	1	15	3.34	6.69	4.89	1.37	1.23
坂本光士郎	1	2	0	11	5.73	9.27	3.27	2.83	1.39
岩下大輝	2	0	0	3	2.91	5.40	3.74	1.44	1.02
澤田圭佑	2	1	0	8	3.60	3.60	3.60	1.00	1.50
菊地吏玖	1	0	1	2	2.25	10.12	1.88	5.40	1.08
西村天裕	0	0	0	7	6.62	7.64	5.09	1.50	1.58
中村稔弥	1	0	0	0	3.71	4.50	2.38	1.89	1.15

▼千葉ロッテマリーンズ 2024年個人打撃成績

選手名	打率	本塁打	打点	得点圏	出塁率	長打率	OPS	得点	盗塁	失策
ソト	.269	21	88	.321	.330	.450	.780	43	0	3
ポランコ	.243	23	60	.238	.318	.459	.778	47	0	1
佐藤都志也	.278	5	45	.287	.326	.363	.689	41	4	5
中村奨吾	.234	4	27	.178	.318	.314	.631	36	2	9
岡 大海	.287	7	33	.291	.373	.434	.806	52	11	0
友杉篤輝	.206	0	15	.192	.241	.234	.474	33	11	14
藤岡裕大	.256	5	29	.214	.354	.353	.706	31	0	5
小川龍成	.241	0	21	.313	.317	.249	.566	33	10	5
髙部瑛斗	.300	1	23	.333	.348	.381	.728	37	10	1
藤原恭大	.290	2	21	.296	.364	.385	.749	30	4	0
角中勝也	.280	3	20	.282	.361	.413	.774	21	0	1
荻野貴司	.279	1	15	.250	.321	.335	.656	25	0	1
山口航輝	.200	2	13	.227	.249	.282	.531	10	1	2
安田尚憲	.228	0	15	.250	.282	.310	.592	14	0	2
田村龍弘	.200	0	14	.257	.269	.271	.541	11	0	3
石川慎吾	.211	1	5	.174	.237	.278	.514	2	0	2

ファーム

近年獲得した好素材を育てられるかがカギ

現在の主力を見ても投手は種市篤暉、西野勇士などがファームから育っているが、全体的に即戦力でそのまま一軍に定着した選手の割合が高く、育成については正常に機能しているようには見えない。昨年の二軍の成績上位者を見ても投手では美馬学、二木康太、東條大樹（昨年限りで退団）、唐川侑己、野手も平沢大河（オフに現役ドラフトで西武に移籍）、石川慎吾、愛斗などベテラン、中堅が多く名を連ねており、調整のための試合出場となっている選手が多い印象だ。

それでも希望が持てるのは、ここ数年ドラフトで獲得した選手に開花の兆しが見られるという点である。投手では高野脩汰、中森俊介、田中晴也が先発としてある程度の成績を残している。特に田中は高校卒2年目で早くも一軍で4試合に先発して初勝利もマークしており、〝ポスト佐々木朗希〟の筆頭とも言える。高校卒ルーキーの木村優人、高校卒2年目で育成選手の吉川悠斗も楽しみな存在だ。一方の野手も育成ドラフト出身の山本大斗がチームトップの19本塁打を放ち、ルーキーの上田希由翔、寺地隆成の2人も3割近い打率を残した。また高校時代は投手だった育成ドラフト2位ルーキーの松石信八も打率こそ

▼2024年ファーム個人投手成績

選手名	勝利	敗戦	S	H	防御率	奪三振率	与四球率	K／BB	WHIP
高野脩汰	6	3	0	0	3.65	7.42	2.43	3.05	1.14
美馬 学	2	6	0	0	3.09	6.75	1.69	4.00	1.28
中森俊介	6	4	0	0	3.45	6.75	2.87	2.35	1.21
田中晴也	1	2	0	0	2.73	9.06	2.73	3.31	1.12
木村優人	0	2	0	0	2.37	6.63	1.89	3.50	1.37
吉川悠斗	0	1	0	0	3.38	6.75	6.14	1.10	1.64

▼2024年ファーム個人打撃成績

選手名	打率	本塁打	打点	得点圏	出塁率	長打率	OPS	得点	盗塁	失策
山本大斗	.279	19	66	-	.335	.494	.829	57	2	1
寺地隆成	.290	2	39	-	.368	.358	.725	33	2	3
松石信八	.207	0	18	-	.257	.241	.498	28	4	27
池田来翔	.273	9	34	-	.332	.398	.730	39	4	12
平沢大河	.216	2	19	-	.389	.310	.699	44	5	8
上田希由翔	.291	2	34	-	.326	.369	.696	25	0	3

2割台前半ながら、チーム3位となる打席数を経験し、ショートの守備では高い能力を見せている。投手も野手も将来の中心選手になりそうな候補は確実に増えていることは間違いない。

その中で気になるのがファームの環境面だ。本拠地であるロッテ浦和球場は老朽化が進み、イースタンではヤクルトの戸田球場と並んで設備面の貧弱さが目立つ。現在、新たな本拠地を千葉県内に移転することを検討していると言われているが、まだその目途は立っていない。他球団がどんどんファームの施設を充実させる動きを見せており、選手の才能開花のためにも施設などのハード面の充実は必要不可欠だけに、ロッテも早急にファームの本拠地移転を進めてもらいたい。

戦力チャート

投手は絶対的エースと抑えの確立が課題
長く中軸を任せられる打者の育成も必要

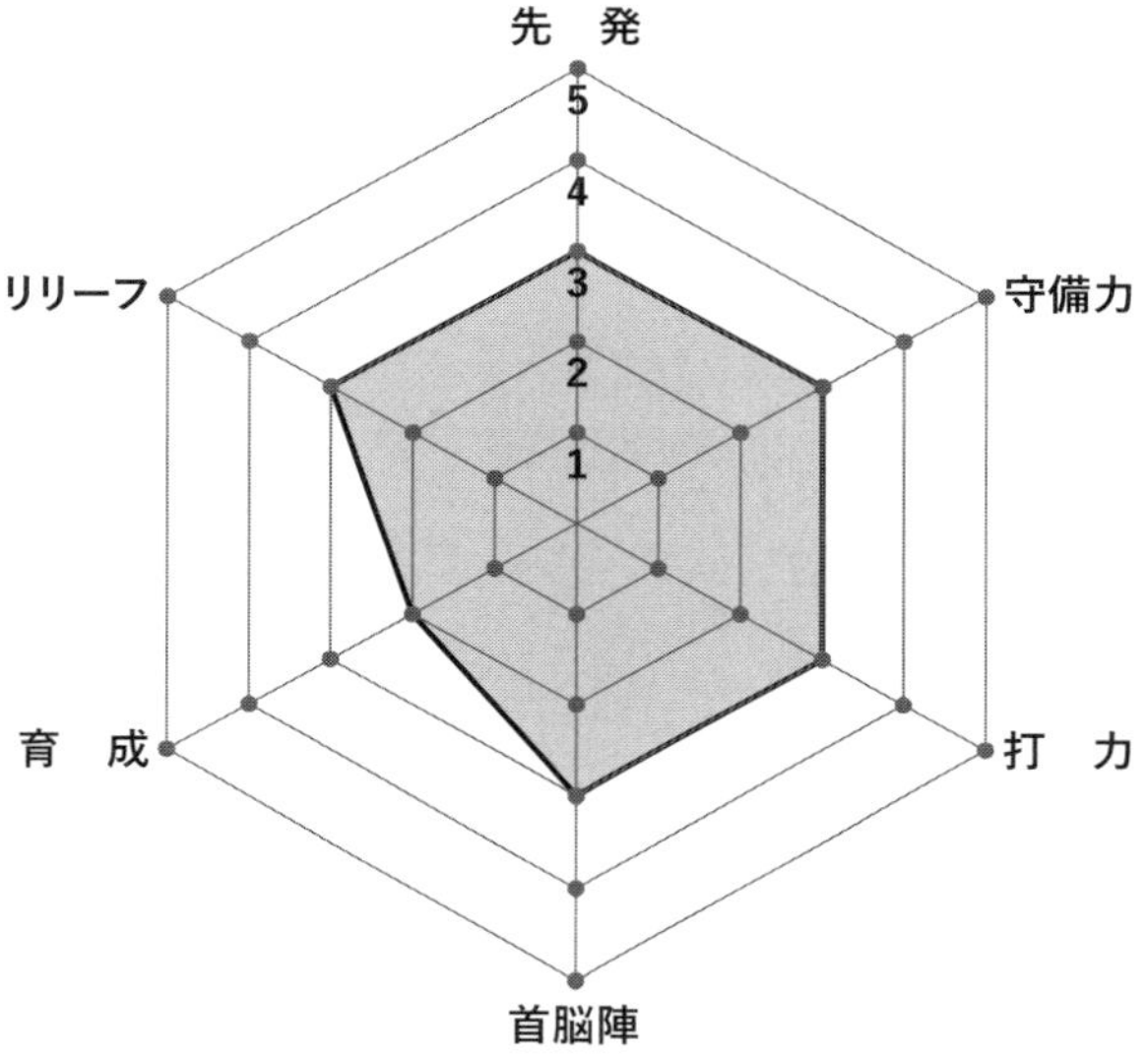

佐々木朗希が抜けた穴はFAで獲得した石川柊太である程度は埋まりそうだが、先発もリリーフも太い柱は不在という印象だ。特に抑えは益田直也の後継者の確立が急務で、今シーズン中の役割変更も十分に考えられる。打線も外国人選手が機能すればある程度の得点は期待できるが、ソト、ポランコともにベテランだけに不安は大きい。過去に期待された選手の停滞が大きく響いている印象だ。捕手の佐藤都志也の成長は攻守両面において大きなプラスだけに、それに続く選手の発掘を急ぎたいところだ。

首脳陣分析　**吉井体制も3年目。野手育成がカギか**

2023年に名投手コーチとして知られた吉井理人監督が就任し、過去2年は2位、3位とAクラスをキープしている。しかし優勝を狙うには投手、野手ともに戦力不足の感は否めない。長年の課題はやはり野手陣の層の薄さだ。ドラフト上位で指名した中堅世代の野手が軒並み伸び悩んでいるだけに、何とか若手から長く中軸を任せられる選手を育ててもらいたい。

5位・吉納翼（写真はアマチュア時代、著者提供）

東北楽天ゴールデンイーグルス

TOHOKU RAKUTEN GOLDEN EAGLES

2024チーム成績

67勝72敗4分（パ4位）

2024チーム勝率

.482

得点 492点（パ4位）　失点 579点（パ6位）

本塁打 72本（パ4位）　盗塁 90個（パ2位）

打率 .242（パ4位）　防御率 3.73（パ6位）　失策 64個（パ2位）

2024観客総動員 164万2371人（11位）

2024チーム総年俸 30.4億円（11位）

1位

20年に一人と評判の大学生ショート

宗山 塁［21］

—内野手—明治大—

昨年のドラフトで5球団が競合となったショートストップ。最初にプレーを見たのは広陵の1年秋に出場した明治神宮大会で、高校ナンバーワン投手と言われた星稜の奥川恭伸から2安打を放った打撃は当時から光るものがあった。全国から力のある選手が集まる明治大でも入学直後から1年からショートのレギュラーに定着。4年春こそアクシデントによる怪我で不本意な成績に終わったが、それ以外のシーズンは常に成績を残し続け、東京六大学で通算118安打、10本塁打、打率3割4分4厘をマークし4度のベストナインにも輝いた。

タイミングをとる動きに無駄がなく、ボールをしっかり呼び込んで鋭い振り出しでとらえるバッティングは技術の高さを感じる。コースに逆らわずに広角に打ち分け、ヒットが出ない試合が珍しいほどだった。ホームランバッターではないものの、大学通算10本塁打が示すようにパンチ力を備えているのも大きな魅力だ。

先に打撃について紹介したが、それ以上に評価が高いのがショートの守備である。特に素晴らしいのが柔らかいハンドリングで、難しい打球も簡単に処理することができ、スタンドからどよめきが起こることも多かった。打球に対する反応、フットワーク、捕球から送球の流れ、強くて正確なスローイング全てが高レベルだ。現役時代にショートの名手として知られた侍ジャパンの井端弘和監督も大学時代の宗山の守備を見て「今プロに入っても源田（壮亮）の次に上手い」と絶賛するほどだった。

もちろん期待されるのは即戦力としての活躍だ。チームのショートは村林一輝が務めているが、これだけの目玉を獲得したとなればセカンドにコンバートする可能性は高い。大学生ショートとしては鳥谷敬（元阪神・ロッテ）以来となる大物であり、1年目から一軍で100安打以上をマークすることも期待できるだろう。

華麗なる守備とシュアな打撃は、現時点でも一軍で通用する可能性が高い。（写真：著者提供）

2位

徳山一翔［22］

大学球界屈指の本格派サウスポー

―投手―環太平洋大―

地方リーグで注目を集めていた本格派サウスポー。2年秋に出場した明治神宮大会で7回をノーヒット、無失点の快投を見せて一躍全国区となった。最大の魅力は勢い抜群のストレートだ。好調時は150キロを超えることも珍しくなく、高めでも低めでも空振りを奪うことができる。またスピードのある左腕にありがちな制球力の不安定さもなく、四死球から自滅するようなことがないのも強みだ。

課題となるのは良い状態が続かない点だ。4年春はコンディション不良でリーグ戦での登板がなく、復帰した秋もストレートは140キロ台前半が大半で本来のピッチングではなかった。それでも昨年の明治神宮大会では早稲田大を相手に完投勝利をおさめるなど試合を作る能力は確実に高くなっており、ポテンシャルの高さは誰もが認めるところだ。無理に1年目から一軍で起用するのではなく、まずは1年を通して投げられる体力を身につけて、2年目から先発ローテーション争いに加わることを目指したい。

DRAFT 2024

3位

独立リーグで力をつけたタフネス右腕

中込陽翔［23］

―投手―徳島インディゴソックス―

山梨学院高校では控え投手で、3年時には春夏連続で甲子園に出場したもののわずかな登板に終わり、当時は全く目立つ存在ではなかった。山梨学院大でも早くからリーグ戦で登板していたが、本格化してきたのは最終学年になってからで、卒業後は徳島に入団。中継ぎでフル回転の活躍を見せて1年でNPB入りを果たした。投手としては上背はないものの、たくましい体格で躍動感のあるフォームが特長。スピードガンの数字は145キロ前後でも打者の手元で強さがあり、コントロールも安定している。スライダー、フォークと決め球となる変化球が複数あり、独立リーグでもイニング数を大きく上回る三振を奪った。そして最大の長所は登板を重ねても球威の落ちないスタミナだ。昨年も43試合に登板したが夏場以降も球威、制球ともに落ちることはなかった。昨年指名した投手の中でも最も完成度が高く、即戦力としての期待も高い。キャンプ、オープン戦から順調に調整ができれば、勝ちパターンの一角に食い込む可能性もありそうだ。

4位

江原雅裕［24］

社会人で驚きの成長を見せた右腕

―投手―日鉄ステンレス―

天理高校では控え投手で2年夏に甲子園に出場するも登板はなし。国学院大でも故障もあってリーグ戦での登板はわずか1試合に終わった。それでもポテンシャルの高さが評価されて日鉄ステンレスに入社。2年目の昨年頭角を現すと、JR西日本の補強選手で出場した都市対抗で最速153キロをマークして注目を集め、ドラフト指名を勝ち取った。

恵まれた体格でオーソドックスなフォームから投げ込むストレートの威力は社会人でもトップクラスだ。ただチームでも決して主戦だったわけではなく、公式戦で目立った成績は残していない。都市対抗の後に行われた大会でも完璧に抑え込む試合はなかった。今年で25歳という年齢だが、まだまだ現状では未完の大器という評価が妥当だろう。それでも4位で指名を受けたのは潜在能力の高さが相当だと判断されたからである。フォームに悪い癖はないだけに、まだまだ成長する可能性は高い。まずは二軍で起用しながら先発、リリーフの適性を見極めて、2年目以降の一軍定着を目指したい。

DRAFT 2024

5位

東京六大学を代表する強打の外野手

吉納 翼［22］

―外野手―早稲田大―

東邦では1学年上の石川昂弥（中日）とクリーンアップを組み、2年春には選抜高校野球で優勝を経験。早稲田大でも2年春からレギュラーとなると、現役で最多となる13本塁打を放ち、4年時にはチームのリーグ戦春秋連覇にも大きく貢献した。高校時代は細身の印象だったが、年々体つきが大きくなり、それに比例するように打撃もパワーアップ。手元までボールを呼び込んでとらえるスタイルで、レフトスタンドにも放り込めるのが大きな持ち味だ。逆に課題となるのは打撃の確実性と打つ以外のプレーだ。レギュラーとしてプレーした6シーズンで打率3割を超えたのは2シーズンのみで、リーグ戦の通算打率は2割5分5厘と高くない。不調時はスムーズにバットが出ず、三振を喫するシーンも多かった。肩と足についても大学レベルでは目立つものがなく、外野の守備力も平凡という印象は否めない。それでもチームは日本人の大砲候補が少ないだけにかかる期待は大きい。まずは二軍で結果を残して2年目には外野のレギュラー争いに加わりたい。

DRAFT 2024

6位

陽 柏翔［20］

独立で急成長した若き内野手

―内野手―茨城アストロプラネッツ―

台湾の出身で高校進学と同時に来日予定だったが、コロナ禍の影響で1年遅れて2年春から明秀日立に転入。その夏に出場した甲子園はベンチ外だった。2年秋からセカンドのレギュラーとなるも、目立った成績は残せずにBCリーグの茨城に入団。ショートとして力をつけて1年でNPB入りを果たした。

最大の持ち味はスピードで、昨年は54試合で21盗塁をマーク。打撃は独立リーグでも下位を打つことが多く、シーズン前半は目立たなかったが、夏場以降に一気に成績を上げたのが評価された要因だ。上背はなくてもスイングの形に悪いクセがなく、走り打ちすることなくしっかり体を残して鋭く振れるようになってきた。ショートの守備は1位の宗山と比べるとまだまだ差は大きく、特にスローイングに不安が残るものの、ショートに転向して1年ということを考えるとまだ成長の余地はありそうだ。ショートの若手は少ないだけにスピードを生かしてまずは二軍の定位置獲得を目指したい。

DRAFT 2024

育成

育成1位
岸本佑也
内野手／奈良大付高

投手としても活躍した強肩遊撃手

関西では評判となっていた高校生ショート。2年秋の新チームがスタートした時はまだ二桁の背番号だったが、ピッチャーとショートの両方で活躍を見せてチームの近畿大会出場にも貢献した。最大の魅力はその強肩を生かしたスローイングだ。三遊間の深い位置からもノーステップでファーストまで強いボールを投げることができ、足を使って投げた時のボールの勢いは高校生とは思えないものがある。打撃に関しては中軸を任されていたものの、3年夏も4試合で2安打に終わるなどまだまだ課題は多い。リストの強さは申し分ないが、なかなか自分の形でスイングできないのが現状だ。ドラフト同期入団となる野手3人の良いところを盗んでレベルアップを図りたい。

過去ドラフト
通信簿

55点

▶2022

1位 荘司康誠
（投手／立教大）

2位 小孫竜二
（投手／鷺宮製作所）

3位 渡辺翔太
（投手／九州産業大）

4位 伊藤茉央
（投手／東京農業大北海道オホーツク）

5位 平良竜哉
（内野手／NTT西日本）

6位 林 優樹
（投手／西濃運輸）

▶2023

1位 古謝 樹
（投手／桐蔭横浜大）

2位 坂井陽翔
（投手／滝川第二高）

3位 日當直喜
（投手／東海大菅生高）

4位 ウォーターズ璃海 ジュミル
（内野手／日本ウェルネス沖縄高）

5位 松田啄磨
（投手／大阪産業大）

6位 中島大輔
（外野手／青山学院大）

7位 大内誠弥
（投手／日本ウェルネス宮城高）

8位 青野拓海
（内野手／氷見高）

強打者タイプが圧倒的に不足

F

Aやメジャーから NPB に復帰した選手、交換トレードなどで他球団の主力だった選手を積極的に獲得してきたが、過去5年のドラフトに関しては完全な主力となっている選手は非常に少ない。投手については早川隆久、藤井聖、内星龍、渡辺翔太が戦力となり、荘司康誠、古謝樹も今後の成長が楽しみだが、一方で野手はかなり苦しい印象は否めない。唯一主力として十分な活躍を見せているのが2019年1位の小深田大翔だが、今年で30歳とベテランの域に差し掛かっており、宗山塁の加入でレギュラーの座は危うい状況である。そして特に気になるのが中軸を任せられるようなスケールの大きい強打者タイプが圧倒的に不足しているという点だ。期待が大きかったのが

▶2019

1位 小深田大翔（内野手／大阪ガス）
2位 黒川史陽（内野手／智辯和歌山高）
3位 津留﨑大成（投手／慶應義塾大）
4位 武藤敦貴（外野手／都城東高）
5位 福森耀真（投手／九州産業大）
6位 瀧中瞭太（投手／Honda鈴鹿）
7位 水上 桂（捕手／明石商業高）

▶2020

1位 早川隆久（投手／早稲田大）
2位 高田孝一（投手／法政大）
3位 藤井 聖（投手／ENEOS）
4位 内間拓馬（投手／亜細亜大）
5位 入江大樹（内野手／仙台育英学園高）
6位 内 星龍（投手／履正社高）

▶2021

1位 吉野創士（外野手／昌平高）
2位 安田悠馬（捕手／愛知大）
3位 前田銀治（外野手／三島南高）
4位 泰 勝利（投手／神村学園高）
5位 松井友飛（投手／金沢学院大）
6位 西垣雅矢（投手／早稲田大）
7位 吉川雄大（投手／JFE西日本）

2019年2位の黒川史陽だったが、いまだに二軍暮らしが続いている。2021年には1位から3位まで野手を揃えたものの、1位の吉野創士と3位の前田銀治は二軍でも十分な成績を残せず、2位の安田悠馬も現時点では3番手捕手にとどまっている。昨年のドラフトで宗山が獲得できたのは大きなプラスだが、チャンスメーカータイプだけに長打力のある選手はまだまだ不足している。

もう一つ気になるのが高校卒の選手が育っていないという点だ。投手では藤平尚真、内、野手では村林一輝が戦力になっているが、それ以外は大学、社会人出身の選手ばかりである。特に強打者タイプが育たないのは球団創設以来の課題であり、いまだに生え抜きで20本塁打以上を放った選手はいない。チームの将来を考えても強打者タイプの獲得は必要不可欠であり、今後の重要なポイントであることは間違いないだろう。

▼2025年 東北楽天ゴールデンイーグルス 年齢構成早見表

年齢	投手		捕手		内野手		外野手	
	右投げ	左投げ	右打ち	左打ち	右打ち	左打ち	右打ち	左打ち
41	岸 孝之							
40								
39								
38								
37								
36		ターリー			阿部寿樹	鈴木大地		岡島豪郎
35	則本昂大	辛島 航			浅村栄斗			島内宏明
34	加治屋蓮							
33	宋 家豪			田中貴也	フランコ			
32	酒居知史							
31	瀧中瞭太	弓削隼人						田中和基（両打）
30	今野龍太					小深田大翔 山﨑 剛		
29	ハワード	鈴木翔天 藤井 聖	太田 光		伊藤裕季也 山田遥楓			辰己涼介 小郷裕哉
28	小孫竜二 津留﨑大成 柴田大地			堀内謙伍	村林一輝	渡邊佳明		
27	藤平尚真 ヤフーレ 宮森智志	早川隆久						
26	西垣雅矢 松井友飛		石原 彪					
25	渡辺翔太 荘司康誠 江原雅裕			安田悠馬				
24		古謝 樹 林 優樹				黒川史陽		中島大輔 武藤敦貴
23	内 星龍 中込陽翔 松田啄磨	徳山一翔			入江大樹			吉納 翼
22		泰 勝利			小森航大郎	宗山 塁	吉野創士 前田銀治	
21								
20	坂井陽翔 日當直喜				ウォーターズ 璃海ジュミル 青野拓海	陽 柏翔		
19	大内誠弥							

※2025年2月1日現在。年齢は2025年の誕生日時。

大きな課題は主力野手の高齢化だ。浅村栄斗、鈴木大地、阿部寿樹などが完全なベテランとなり、数少ない生え抜きレギュラーの小深田大翔も今年で30歳を迎える。中堅で安定しているのは辰己涼介、小郷裕哉の外野手２人だけで、辰己もメジャー移籍を示唆していることから安心できない状況だ。投手も野手ほどではないものの、岸孝之、則本昂大のベテランへの依存度はまだまだ高く、特に則本の後の抑えは大きな課題だ。数年後は投手も野手も現在の主力の多くが引退している可能性が高いだけに、世代交代を加速させていく必要があるだろう。

投手

外国人を補強も課題はまだまだ多い

昨年のチーム防御率はパ・リーグで圧倒的な最下位。大量失点で敗れた試合の影響は大きかったものの、先発もリリーフも3点台後半となっており、安定感に乏しい印象は否めない。先発は早川隆久に次ぐ投球回を記録したのが大ベテランの岸孝之。藤井聖が初めて二桁勝利をマークしたのはプラスだが、長いイニングを投げるには課題が残った。オフに獲得した外国人投手のヤフーレ、ハワードの2人が相当な活躍をしなければローテーションのコマ不足に悩む可能性は高い。

一方のリリーフも抑えの則本昂大が最多セーブに輝いたが防御率は3点台と決して褒められた数字ではなく、今年で35歳という年齢からも、ここから成績を落とす可能性も高い。代役の筆頭候補となるのは藤平尚真で、オフのプレミア12では見事な投球を見せたが、十分な活躍を見せたのが昨年だけである。チーム2位の24ホールドをマークした鈴木翔天もプレミア12の途中で左ひじを痛めて離脱したのも不安要素だ。

キーマンとなりそうなのが先発では古謝樹、荘司康誠、リリーフでは宮森智志、日當直喜といった若手だ。彼らが成長した姿を見せればチームの将来も明るくなるだろう。

野手

小技が持ち味も長打力不足が課題

昨年のチーム得点は3位のロッテと僅差のリーグ4位だが上位のソフトバンク、日本ハムとは大差をつけられており、打線も決して強力とは言えない。最大の課題は長打力不足だ。主砲の浅村栄斗が昨年は移籍以来最低の14本塁打、60打点に終わり、チーム2位の9本塁打を放った阿部寿樹も大ベテランとなっている。さらに深刻なのがこの2人以外に安定して長打を期待できる選手が見当たらないという点だ。過去2年の本塁打数が12本、8本のフランコが残留となったのも、チームの長打力不足をよく表していると言えるだろう。

一方でチャンスメーカータイプに力のある選手が揃っているというのは強みだ。昨年は小郷裕哉、小深田大翔、辰己涼介の3人が揃って20盗塁以上をマーク。犠打数もパ・リーグトップで何とか小技で得点しようという姿勢は感じられた。ただそれでも小深田の出塁率は3割以下と芳しくなく、今年も得点力不足に悩む可能性は高い。

ポジション的に気になるのが捕手だ。ここ数年は太田光が最も多く出場しているが、成績は横ばい。石原彪と安田悠馬にかかる期待も大きいが、ともに守備は不安が残る。今年も3人の併用となりそうだが、正捕手の確立は今後の大きな課題となるだろう。

▼東北楽天ゴールデンイーグルス 2024年個人投手成績

選手名	勝利	敗戦	S	H	防御率	奪三振率	与四球率	K／BB	WHIP
早川隆久	11	6	0	0	2.54	8.45	1.85	4.57	1.12
岸 孝之	6	11	0	0	2.83	4.58	1.82	2.52	1.21
藤井 聖	11	5	0	0	2.93	5.29	2.07	2.55	1.33
内 星龍	6	8	0	0	3.58	3.66	2.28	1.61	1.27
古謝 樹	5	8	0	0	4.32	6.26	3.35	1.87	1.21
ポンセ	3	6	0	0	6.72	7.52	2.15	3.50	1.61
瀧中瞭太	4	6	0	0	4.16	3.28	1.77	1.86	1.23
則本昂大	3	4	32	4	3.46	7.62	1.90	4.00	1.31
酒居知史	2	2	0	26	2.33	5.63	2.91	1.93	1.08
渡辺翔大	7	2	0	12	3.04	7.80	4.18	1.86	1.35
鈴木翔天	2	0	1	24	1.66	8.88	3.88	2.29	0.92
藤平尚真	0	1	1	20	1.75	11.27	2.33	4.83	0.88
宋 家豪	1	2	0	17	3.18	4.99	1.59	3.14	1.21
弓削隼人	2	0	0	1	5.94	7.56	2.43	3.11	1.53
西垣雅矢	1	2	1	0	7.50	6.50	6.00	1.08	2.22
ターリー	0	1	1	2	2.93	7.63	7.04	1.08	1.76

▼東北楽天ゴールデンイーグルス 2024年個人打撃成績

選手名	打率	本塁打	打点	得点圏	出塁率	長打率	OPS	得点	盗塁	失策
小郷裕哉	.257	7	49	.295	.337	.358	.694	64	32	3
辰己涼介	.294	7	58	.323	.353	.419	.772	68	20	2
村林一輝	.241	6	50	.260	.270	.313	.583	51	5	13
浅村栄斗	.253	14	60	.260	.346	.382	.728	51	1	9
小深田大翔	.229	3	23	.238	.296	.287	.582	50	29	5
鈴木大地	.266	4	41	.282	.324	.347	.671	41	0	3
太田 光	.196	2	23	.233	.244	.291	.535	23	2	3
阿部寿樹	.227	9	32	.275	.292	.419	.711	19	0	3
フランコ	.218	8	30	.259	.251	.345	.596	20	0	1
石原 彪	.171	4	13	.200	.239	.288	.527	9	0	1
島内宏明	.214	0	12	.242	.307	.252	.559	8	0	0
渡邉佳明	.250	0	11	.256	.302	.265	.567	9	0	0
中島大輔	.228	1	10	.320	.258	.333	.591	18	1	0
安田悠馬	.262	2	9	.296	.297	.361	.658	12	0	0
伊藤裕季也	.261	2	10	.316	.298	.383	.680	10	0	2
岡島豪郎	.200	1	6	.100	.304	.275	.579	6	0	0

ファーム

投手は好素材が多いも野手は伸び悩みが目立つ

昨年のイースタン・リーグでのチーム成績は新規参入したオイシックスに次ぐ8チーム中7位に沈んだ。育成が目的のファームだけにチーム成績はそれほど気にしなくても良いが、中心となっているメンバーを見ると不安は多い。

投手で投球回数上位を見ると瀧中瞭太、辛島航のベテランと昨年オフに退団した外国人投手のポンセが並んでおり、本当の意味で若手と言えるのは育成選手の古賀康誠だけ。昨年が2年目の小孫竜二も社会人からプロ入りしており、即戦力が期待されていただけに、二軍の成績がある程度良くても評価はできない。リリーフでチームトップの41試合に登板していた2年目の伊藤茉央も現役ドラフトで移籍している。救いは昨年のルーキーが1年目から存在感を示したことだ。1位の古謝樹は二軍で成績を残して夏場以降は一軍のローテーションに定着。坂井陽翔、日當直喜、松田啄磨、大内誠弥の4人も二軍で多く経験を積んだ。彼らを大きく育てることが今後の投手陣にとって重要になるだろう。

一方の野手は投手よりも若い選手が成績上位に多く名を連ねているが、決して健全な状況とは言い難い。安田悠馬、黒川史陽、武藤敦貴の3人は早くから一軍を経験している選

▼2024年ファーム個人投手成績

選手名	勝利	敗戦	S	H	防御率	奪三振率	与四球率	K／BB	WHIP
瀧中瞭太	2	6	0	0	2.97	4.46	1.86	2.40	1.29
小孫竜二	4	2	0	0	3.01	8.41	5.90	1.43	1.62
辛島 航	4	6	0	0	2.43	5.54	2.16	2.56	1.13
古賀康誠	2	5	0	0	3.55	5.26	3.98	1.32	1.48
日當直喜	3	2	3	0	2.01	7.18	3.45	2.08	1.05
松田琢磨	1	6	0	0	3.58	3.93	2.15	1.83	1.57

▼2024年ファーム個人打撃成績

選手名	打率	本塁打	打点	得点圏	出塁率	長打率	OPS	得点	盗塁	失策
入江大樹	.259	4	36	-	.325	.334	.659	39	2	11
安田悠馬	.281	6	42	-	.383	.416	.799	34	0	9
黒川史陽	.255	1	35	-	.378	.318	.696	34	0	4
中島大輔	.277	3	19	-	.327	.384	.711	40	13	2
武藤敦貴	.281	2	26	-	.356	.388	.744	36	13	2
永田颯太郎	.173	2	18	-	.268	.223	.491	18	1	13

手たちで、二軍ではもっと圧倒的な成績を残していなければいけない選手である。過去のドラフト採点でも触れたが吉野創士、前田銀治の高校卒の2人については二軍でも存在感を示すことができていない。昨年が高校卒4年目の入江大樹、ルーキーの中島大輔が結果を残したのは明るい材料だが、入江の守るショートにはドラフト1位ルーキーの宗山塁が加入し、中島のようなチャンスメーカータイプの左打の外野手は他にも多いだけに、彼らもそのまま一軍の戦力になれるかと言えば疑問だ。過去を振り返っても二軍で力をつけてレギュラーとなった選手は少なく、主力の大半は他球団からの移籍組と即戦力で入団してきた選手だけに、ファームの体制を大きく見直す必要がありそうだ。

戦力チャート

先発もリリーフも外国人とベテランへの依存度が高い
守備はある程度安定も、打線は長打力不足が顕著

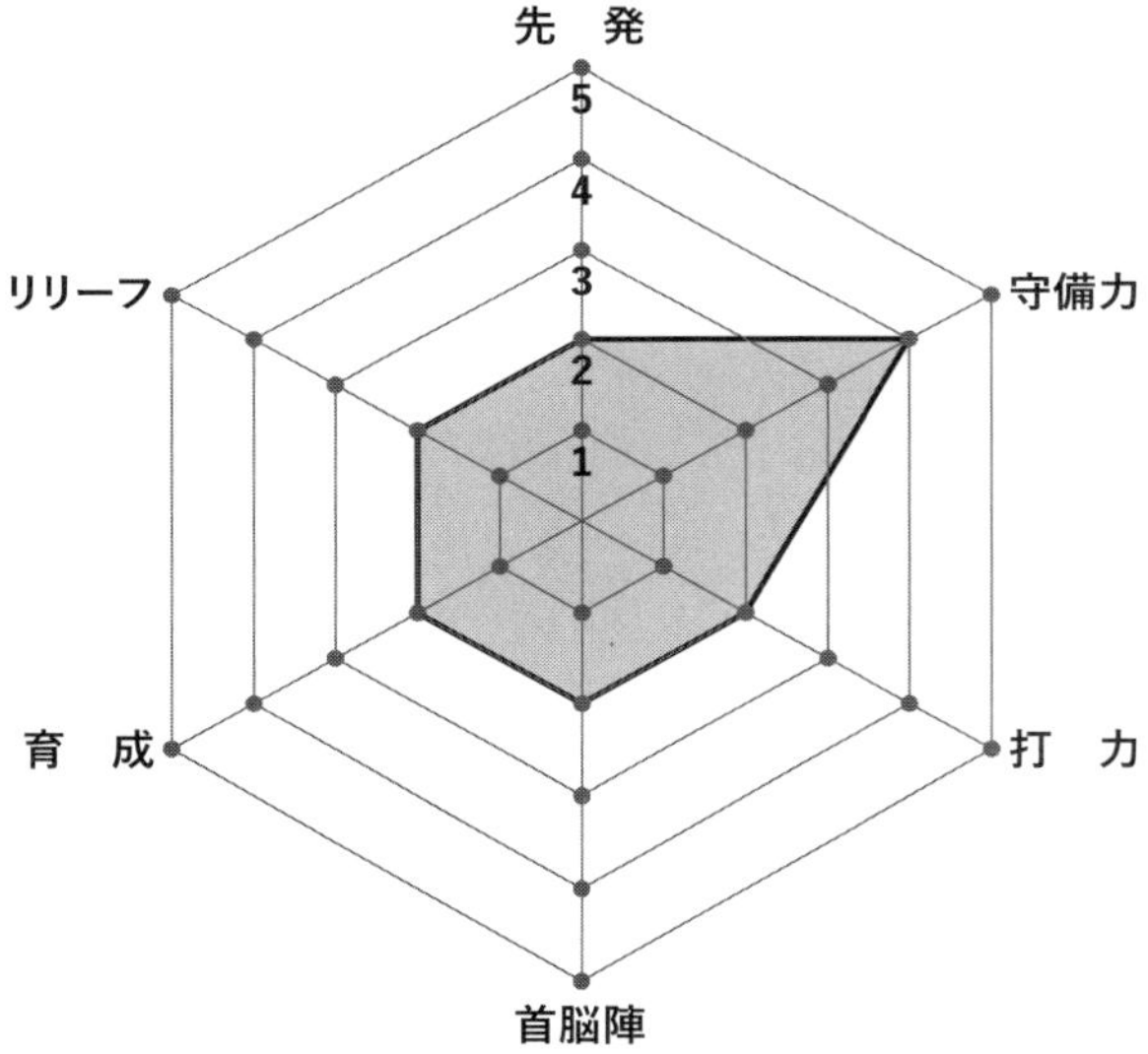

投手陣はベテランへの依存度が高く、オフの補強を見ても大きな上積みは考えづらい。二軍を見ても楽しみな若手はいるものの、もう少し時間がかかりそうな選手が多く、今年もやりくりに苦労することになりそうだ。一方の野手も宗山塁が加入したことはプラスだが、目立った補強はなく、長打については相変わらず浅村栄斗頼みという印象だ。過去に大型補強で獲得した選手も軒並み成績を落としており、彼らが力のある間に若手を育てられなかったことが低迷の大きな要因と言えるだろう。

| 首脳陣分析 | **疑問が残る石井GM体制への回帰**

今江敏晃監督が1年で退任し、三木肇監督が5年ぶりに復帰となった。二軍を指揮した経験はプラスだが、他に候補がいない中での苦肉の策という印象は否めない。また同じタイミングで石井一久GMも復帰したものの、前回も目先の補強に終始して、長期的なチーム作りが見えなかった。現在のチーム状況を考えても、石井体制への回帰を判断した球団の姿勢には大いに疑問が残る。

3位・山口廉王（写真はアマチュア時代、著者提供）

オリックス・バファローズ

ORIX BAFFALOES

2024チーム成績

63勝77敗3分（パ5位）

2024チーム勝率

.450

得点 402点（パ5位） 失点 448点（パ2位）

本塁打 71本（パ5位） 盗塁 61個（パ6位）

打率 .238（パ5位） 防御率 2.82（パ2位） 失策 78個（パ6位）

2024観客総動員 214万9202人（6位）

2024チーム総年俸 35.0億円（8位）

1位

麦谷祐介［22］

俊足強打と勝負強さが光るセンター

—外野手—富士大—

2015年から活動を開始した東北楽天リトルシニアの一期生で、健大高崎に進学するも1年途中に退学し、地元の大崎中央に転入したという経歴を持つ。初めてプレーを見たのは高校3年夏の宮城県独自大会で、当時からスピードは際立っていたが、プロから注目されるような選手ではなかった。本格的に頭角を現したのは富士大に進学後で、4年間の8シーズンで3度のベストナイン、5度の盗塁王を獲得するなど活躍。特に大きく成長したのは打撃面で、3年時には大学選手権で下村海翔（阪神）、明治神宮大会で常廣羽也斗（広島）とドラフト1位でプロ入りした青山学院大の二枚看板からホームランを放って一気に評価を上げた。下級生の頃から比べると明らかに体つきが大きくなっており、それに比例してスイングと打球の力強さも大幅にアップ。しっかりボールを呼び込んでとらえることができており、逆方向への打球が伸びるのが大きな持ち味だ。またここ一番での勝負強さも天下一品で、打席での集中力も素晴らしいものがある。

パワーアップするとスピードが落ちる選手も多いが、麦谷は脚力も高い水準を維持しているのも評価が高くなった一因と言える。センターの守備範囲の広さは十分で、ただ足が速いだけでなく相手の隙を逃さずに次の塁を陥れる走塁センスも高い。初球から積極的にスタートを切れる思い切りの良さでも魅力だ。

一方で課題となるのはスローイングと打撃の安定感だ。肩が弱いわけではないが、少しコントロールは不安定で、中継への送球がそれるケースも多い。また打撃も好不調の波が大きく、不調時は簡単にアウトになってしまう打席も目立つ。それでも外野手としての総合力の高さは大学球界でも屈指であり、全国の大舞台でも結果を残してきたのは心強い限りだ。チームのセンターは内野手出身の選手が守ることが多かっただけに、1年目から一軍の戦力となり、長くレギュラーを務める選手となることを期待したい。

総合力の高さが際立ち、走攻守すべてでチームに貢献できる。（写真：著者提供）

2位

怪我を乗り越えた本格派右腕

寺西成騎［22］

―投手―日本体育大―

松井秀喜の母校である石川県の根上中学出身で、当時から評判だった大型右腕。高校も松井と同じ星稜に進学し、入学直後から先発を任せられるなど期待は大きかったが、最終学年は右肩の故障で登板できずに高校野球を終えた。大学でも2年までリハビリ生活が続いたが、3年春に実戦復帰するといきなりMVPを受賞。最終学年は故障で少し成績を落としたが、ポテンシャルの高さが評価されて2位指名となった。

欠点らしい欠点のないフォームで高い位置から腕が振れ、140キロ台後半の角度のあるストレートと鋭く変化するカットボール、スプリットとのコンビネーションが光る。コーナーにしっかり投げ分ける制球力も高い。課題は故障の多さと投げる以外のプレーだ。昨年も春、秋ともに出遅れており、万全の結果を残したのは3年春だけだった。またクイックも少し遅く、足を使われて攻められるシーンも多かった。まずは1年間投げられる体力を身につけることが先決で、2年目からが本格的な一軍デビューとなりそうだ。

DRAFT 2024

3位

大化けに期待の高校生右腕

山口廉王［18］

―投手―仙台育英高―

東北の高校球界を代表する大型右腕。２年秋までは目立つ存在ではなかったが、冬から春にかけて急成長を遂げ、高い評価でのプロ入りを勝ち取った。１９３㎝の長身で左足を高く上げ、体が沈み込むことなく高い位置から腕が振れるダイナミックなフォームは迫力十分。またこれだけの大型でありながらリリースの感覚も良く、変化球を器用に操れるのも長所だ。一方でストレートに関してはスピードがあるのは試合序盤だけで、中盤以降は１４０キロ程度に落ちることが多く、高い出力を維持できるだけのスタミナはない印象を受ける。他にも力のある投手が多い仙台育英でプレーしていたということもあって、長いイニングを投げた経験が少ないのも課題だ。

ただスケールの大きさについては高校生投手ではトップクラスであり、まだまだ伸びそうな雰囲気がある。オリックスはこれまでも大型投手を多く戦力にしてきただけに、まずは二軍でしっかり鍛えて3年目くらいの一軍定着を目指したい。

DRAFT 2024

4位

職人的な打撃が光る左の強打者

山中稜真［24］

捕手　三菱重工East

木更津総合時代からミート力の高さには定評があり、青山学院大でも4年春には外野手としてベストナインを受賞。社会人でも早くからレギュラーに定着し、昨年はチームの都市対抗優勝にも貢献した。バットコントロールの上手さに加えて年々長打力もついてきており、選球眼の良さも光る。一方で気になるのは守備面だ。チームの登録人数の都合もあって捕手として指名されたとのことだが、社会人ではファーストがメインで、外野手としては送球に不安が残る。一軍定着には守備を補うだけのさらなる長打力が求められることになりそうだ。

DRAFT 2024

5位

即戦力の期待がかかる万能右腕

東山玲士［24］

投手　ENEOS

丸亀高校、同志社大でもエースとして活躍。ENEOSではリリーフでの起用が多かったが、着実に力をつけてプロ入りを果たした。バランスの良さに加えてフォームの躍動感があり、ストレート中心で強気に攻める投球が持ち味。制球力も高く、四球から崩れることもない。先発、リリーフどちらの経験も豊富なのも魅力が、一軍で早くから活躍するにはリリーフでのスタートするのが妥当のように見える。昨年フル回転した古田島成龍が先発に転向する見込みだけに、その穴を埋める存在として1年目から一軍のブルペン定着を目指したい。

DRAFT 2024

6位

将来性は抜群の社会人右腕

片山楽生［22］

投手

NTT東日本

白樺学園時代から北海道では評判の投手で、社会人でも1年目から都市対抗で好投。ドラフト指名解禁となる2023年には調子を落として指名漏れとなったが、昨年はリリーフとして結果を残して指名を勝ち取った。野手としての能力も高く、体のバネを感じるフォームから投げ込むストレートはコンスタントに145キロを超える。ただばらつきも多く、安定感には乏しいのが現状だ。社会人でも即戦力というよりも将来性を評価されての指名という印象だけに、まずは二軍で安定感を増して、2年目からの一軍定着を目指したい。

大化けする可能性を多分に秘めた、6位指名・片山楽生に注目したい。（写真：著者提供）

DRAFT 2024

育成

育成1位
今坂幸暉
内野手／大阪学院大高

育成2位
清水武蔵
内野手／
栃木ゴールデンブレーブス

育成3位
上原堆我
投手／花咲徳栄高

育成4位
寺本聖一
外野手／広島経済大

育成5位
田島光祐
捕手／信濃グランセローズ

育成6位
乾 健斗
投手／霞ヶ浦高

あらゆるポジションで6人の好素材を指名

育成ドラフトでは巨人と並んで12球団で3番目に多い6人の選手を指名。一時期話題となっていた三軍構想を見送られたと言われるが、ファームの施設は充実を図っており、育成選手から一軍の戦力となっている選手も多い。

育成1位の今坂は運動能力の高さが光るショート。3年春には履正社、大阪桐蔭という強豪2校を破っての大阪府大会優勝にも大きく貢献した。攻守ともにまだまだ安定感は乏しいものの、一つ一つの動きにバネがあるのが魅力。プレーの堅実さをアップさせて、数年後には二遊間のレギュラー争いに加わりたい。

育成2位の清水は国士舘高校から独立リーグに進み、パワーをつけて3年でNPB入りを果たした。上背はないが、独立リーグのグランドチャンピオンシップでは1試合3本塁打を放つなどパンチ力は申し分ない。守備は目立たないが、あらゆるポジションを守った経験はあるだけに、ユーティリティプレーヤーとして支配下昇格を目指したい。

育成3位の上原は強豪の花咲徳栄でエースとして活躍した本格派右腕。上背はないがたくましい体格から投げ込む140キロ台中盤のストレートで押すパワーピッチングが光る。変化球や投球術はまだまだ課題が多いものの、コントロールも悪くなく体力もあるだけに、早くから二軍で実戦を積めば面白い存在となりそうだ。

育成4位の寺本はパンチ力が魅力の外野手。体は大きくないものの、全身を使ったフルスイングで広島六大学では通算12本塁打を放った。確実性と調子の波が大きいのは課題だが、走塁への意識も高くなっており、まずは二軍の定位置獲得を狙いたい。

育成5位の田島はBCリーグを代表する守備型のキャッチャー。中部学院大を中退して3年間の経験を積んでNPB入りした。安定したスローイングと軽快なフットワークが魅力。若手の捕手は数が多くないだけに、守備でアピールして出場機会を増やしたい。

育成6位の乾はスケールの大きさが魅力の大型右腕。霞ケ浦では控え投手で夏の甲子園でも1イニングの登板に終わったが、将来性の高さが評価された。フォームに悪い癖がないだけに、フィジカル面を強化してスピードアップを図りたい。

過去ドラフト
通信簿

85点

▶2022

1位 **曽谷龍平**
（投手／白鴎大）

2位 **内藤 鵬**
（内野手／日本航空高石川）

3位 **齋藤響介**
（投手／盛岡中央高）

4位 **杉澤 龍**
（外野手／東北福祉大）

5位 **日高暖己**
（投手／富島高）

▶2023

1位 **横山聖哉**
（内野手／上田西高）

2位 **河内康介**
（投手／聖カタリナ学園高）

3位 **東松快征**
（投手／享栄高）

4位 **堀 柊那**
（捕手／報徳学園高）

5位 **高島泰都**
（投手／王子）

6位 **古田島成龍**
（投手／日本通運）

7位 **権田琉成**
（投手／TDK）

上位は高校生、下位は社会人が活躍

阪急時代から社会人を中心に指名してチームを作ってきたのが伝統だったが、近年はバランスの良い指名に方針転換したことが奏功してパ・リーグ3連覇に繋がった。特に大きかったのが2019年の宮城大弥と紅林弘太郎が早くから主力となったことだ。この2人の成功がその後の指名に好影響を与えたことは間違いない。2020年1位の山下舜平大も昨年は苦しんだものの将来のエース候補として期待は高く、2023年1位の横山聖哉も1年目から一軍デビューを果たした。2022年2位の内藤鵬もオフのアジアウインターリーグで大器の片鱗を見せており、上位指名した高校生の多くが順調な成長を見せている。また大学生では2022年1位の曽谷龍平が昨年はチーム

▶2019

1位 宮城大弥
（投手／興南高）

2位 紅林弘太郎
（内野手／駿河総合高）

3位 村西良太
（投手／近畿大）

4位 前佑囲斗
（投手／津田学園高）

5位 勝俣翔貴
（内野手／国際武道大）

▶2020

1位 山下舜平大
（投手／福岡大学附属大濠高）

2位 元 謙太
（外野手／中京高）

3位 来田涼斗
（外野手／明石商業高）

4位 中川 颯
（投手／立教大）

5位 中川拓真
（捕手／豊橋中央高）

6位 阿部翔太
（投手／日本生命）

▶2021

1位 椋木 蓮
（投手／東北福祉大）

2位 野口智哉
（内野手／関西大）

3位 福永 奨
（捕手／國學院大）

4位 渡部遼人
（外野手／慶應義塾大）

5位 池田陵真
（外野手／大阪桐蔭高）

6位 横山 楓
（投手／セガサミー）

7位 小木田敦也
（投手／TDK）

トップタイとなる7勝をマークしているのも心強い限りだ。

もう一つチームのお家芸と言えるのが下位指名の社会人が早くから戦力となっていることだ。阿部翔太、小木田敦也に続いて昨年はルーキーの古田島成龍が50試合に登板して防御率0点台とフル回転の活躍を見せ、高島泰都も貴重な戦力となった。昨年のドラフトでも4位以下で3人の社会人を指名しており、彼らも続く可能性は十分にあるだろう。

さらに育成ドラフトからも宇田川優希、大里昂生、茶野篤政などが貴重な戦力となっている。二軍を見ても佐藤一磨、川瀬堅斗、河野聡太などが成長を見せているのも大きなプラスだ。過去5年間の指名からレギュラークラスの主力や一軍の戦力となった選手の数は12球団でもトップクラスであり、阪神に次ぐ85点という高い評価となった。

▼2025年 オリックス・バファローズ 年齢構成早見表

※2025年2月1日現在。
年齢は2025年の誕生日時。

年齢	投手		捕手		内野手		外野手	
	右投げ	左投げ	右打ち	左打ち	右打ち	左打ち	右打ち	左打ち
41	平野佳寿							
40								
39								
38								
37								
36								
35						西野真弘		
34	九里亜蓮	山田修義					杉本裕太郎	
33	阿部翔太							福田周平
32	マチャド ペルドモ 本田圭佑				大城滉二			
31	井口和朋							西川龍馬
30	山岡泰輔		若月健矢 石川 亮	森 友哉				
29		田嶋大樹	頓宮裕真		中川圭太	宗 佑磨	佐野皓大	
28	博志	富山凌雅			廣岡大志			
27	山﨑颯一郎 宇田川優希 エスピノーザ 小木田敦也							
26	東 晃平 古田島成龍 本田仁海 髙島泰都		福永 奨			野口智哉 大里昂生		茶野篤政 渡部遼人
25	椋木 蓮 才木海翔 東山玲士 権田琉成	曽谷龍平		山中稜真	ディアス			杉澤 龍
24	吉田輝星	宮城大弥 佐藤一磨			太田椋			
23	山下舜平大 片山楽生 川瀬堅斗 寺西成騎				紅林弘太郎		元 謙太	来田涼斗 麦谷祐介
22							池田陵真	
21	齋藤響介				内藤 鵬			
20		東松快征	堀 柊那			横山聖哉		
19	山口廉王							

投手、野手とも昨年オフに多くのベテラン選手が引退し、レギュラー陣はまだ余力のある選手が多い印象を受けるが、気になるポイントも散見されるのが現状だ。投手ではまず左投手の絶対数が少ない。宮城大弥、曽谷龍平という若い２人がいるものの、今後の補強ポイントとなりそうだ。一方の野手は30歳前後に主力が多く、25歳以下で万全のレギュラーと言えるのは紅林弘太郎だけだ。近年はFAで積極的に補強しているが、今後も続けられる保証はないだけに、まだレギュラーが元気な間に若手選手たちを戦力化することが求められる。

投手

山下の飛躍と新たな抑え候補の確立が今年のカギ

パ・リーグ3連覇の最大の立役者だった山本由伸が抜けた穴を昨年は埋めきれなかったことがチーム低迷の大きな要因となった。それでも先発は宮城大弥、曽谷龍平のまだ若い左腕2人が安定感を増しており、実績のある田嶋大樹と外国人投手のエスピノーザも力がある。他にも東晃平、高島泰都、昨年リリーフで結果を残した古田島成龍など候補となる選手は多く、さらにFAで獲得した九里亜蓮も加わったことも大きなプラスだ。ただ将来を考えるとエースとして期待したいのはやはり山下舜平大だ。一昨年のような投球を再び見せることができれば、リーグでも屈指の先発投手陣となるだろう。

一方のリリーフは先発に比べると少し不安要素が多いように見える。長年抑えを務めてきた平野佳寿が昨年は大きく成績を落とし、代役となったマチャドも絶対的な存在とは言えない。救いは宇田川優希、山崎颯一郎、本田仁海などまだ若くて勢いのある投手が多いという点だ。他球団から移籍した吉田輝星、博志も成績を伸ばしている。年齢構成表でも触れたように左投手が少ないのは気になるものの、ある程度の力のある投手は多いだけにこの中から次のクローザーを確立したいところだ。

野手

日替わり打線も限界か。中軸の固定を目指したい

昨年のチーム打率、得点、本塁打数は揃ってリーグ5位。西武ほどではないものの、かなりの得点力不足だったことは間違いない。一昨年はメジャーに移籍した吉田正尚の穴を頓宮裕真、中川圭太の台頭などでカバーしたが、昨年は揃って成績を落とし、FAで加入した西川龍馬も期待通りの成績を残すことはできなかった。リーグ3連覇を達成した時も打順は流動的だったが、やはりある程度上位打線は固定できるのが望ましいだろう。

まず課題となるのがクリーンアップだ。昨年チームトップの15本塁打を放ったセデーニョが退団し、杉本裕太郎も年々成績を落としている。西川や森友哉など力のある選手はいるものの、いずれもホームラン打者ではない。新外国人選手のディアスが機能しなければ、昨年と同様の状態となる可能性も高いだろう。

ポジションで気になるのがセンターだ。これまでは福田周平、中川と元々内野手だった選手をコンバートしてしのいできたが、ともに1年間レギュラーとして任せるのは難しいように見える。そこで期待したいのがドラフト1位ルーキーの麦谷祐介だ。守備力と脚力に長打も期待できるだけに、思い切った抜擢に期待したい。

▼オリックス・バファローズ 2024年個人投手成績

選手名	勝利	敗戦	S	H	防御率	奪三振率	与四球率	K／BB	WHIP
エスピノーザ	7	9	0	0	2.63	7.61	3.23	2.35	1.27
田嶋大樹	6	8	0	0	3.68	6.67	2.61	2.56	1.32
宮城大弥	7	9	0	0	1.91	8.83	1.40	6.32	0.97
曽谷龍平	7	11	0	0	2.34	8.85	2.04	4.33	1.17
カスティーヨ	3	5	0	0	2.96	7.06	1.72	4.11	0.99
山下舜平太	3	6	0	0	3.38	11.67	4.36	2.68	1.25
東 晃平	3	4	0	0	2.61	5.83	2.30	2.53	1.06
マチャド	5	3	23	14	2.03	9.79	3.04	3.22	1.01
吉田輝星	4	0	0	14	3.32	6.64	3.10	2.14	1.33
山田修義	3	2	0	16	2.08	9.14	3.32	2.75	1.06
古田島成龍	2	1	0	24	0.79	8.47	3.35	2.53	1.03
井口和朋	1	2	0	3	4.18	6.96	3.06	2.27	1.24
鈴木博志	1	1	0	9	2.97	7.32	3.20	2.29	1.37
ペルドモ	1	0	4	14	0.64	6.11	0.96	6.33	0.82
本田仁海	2	0	0	9	2.86	8.59	2.05	4.20	1.18
髙島泰都	2	2	0	4	4.02	4.82	3.21	1.50	1.25

▼オリックス・バファローズ 2024年個人打撃成績

選手名	打率	本塁打	打点	得点圏	出塁率	長打率	OPS	得点	盗塁	失策
西川龍馬	.258	7	46	.302	.294	.347	.641	42	11	3
紅林弘太郎	.247	2	38	.262	.305	.314	.619	32	0	6
森 友哉	.281	9	46	.294	.368	.415	.783	46	6	1
太田 椋	.288	6	40	.289	.340	.408	.748	39	4	7
セデーニョ	.260	15	37	.200	.320	.438	.758	29	0	0
宗 佑磨	.235	1	22	.270	.283	.301	.584	15	3	8
西野真弘	.300	1	13	.254	.352	.354	.706	27	3	4
若月健矢	.201	3	18	.167	.236	.277	.512	13	0	4
頓宮裕真	.197	7	30	.180	.303	.317	.621	17	0	4
福田周平	.232	1	13	.262	.314	.281	.594	25	7	0
杉本裕太郎	.233	11	27	.293	.293	.416	.708	17	1	1
中川圭太	.231	2	16	.286	.273	.315	.588	24	3	2
来田涼斗	.212	2	11	.310	.264	.312	.576	14	4	4
大里昂生	.235	2	8	.333	.304	.327	.630	11	5	5
廣岡大志	.194	0	5	.167	.261	.250	.511	11	2	2
渡部遼人	.182	0	7	.417	.260	.212	.472	6	4	1

ファーム

楽しみな存在多いが見切りの早さは気になる

三軍制は導入していないものの、近年は育成ドラフトでも多くの選手を獲得しており、早くから二軍で起用して成長している選手も多い印象を受ける。投手では育成ドラフト出身の佐藤一磨がチームトップの投球回を投げて防御率も1点台を記録。一軍でも初勝利をマークするなど成長著しい。他にも高校卒2年目の齋藤響介、トミー・ジョン手術からの復活を目指す2021年ドラフト1位の椋木蓮などが成績上位者に名を連ねているのはプラスである。少し気になるのが投手の見切りが早いという点だ。このオフも村西良太、横山楓、前佑囲斗などが育成契約となっている。一昨年のオフに退団となった中川颯も移籍先のDeNAで貴重な戦力となった。競争を煽るという意味もありそうだが、このようなケースが増えてくると、ソフトバンクのように不満を持って他球団への移籍を希望する選手が出てくる恐れもありそうだ。

一方の野手もオフに退団した外国人選手のトーマス以外は軒並み成績上位者は若手で占められており、楽しみな選手は多い。特に期待が大きいのがともにドラフト上位で入団した横山聖哉と内藤鵬の2人だ。横山は打率こそ低いもののチーム2位となる打席数を経験

▼2024年ファーム個人投手成績

選手名	勝利	敗戦	S	H	防御率	奪三振率	与四球率	K/BB	WHIP
佐藤一磨	4	7	0	0	1.92	7.28	3.03	2.40	1.12
村西良太	5	5	0	0	3.65	4.67	4.56	1.03	1.57
芦田丈飛	1	2	0	0	3.66	6.19	2.53	2.44	1.45
齋藤響介	4	2	0	0	3.07	7.82	4.14	1.89	1.31
椋木 蓮	3	2	1	0	1.58	7.11	1.89	3.75	0.86
権田琉成	2	2	0	0	3.21	5.14	2.73	1.88	1.38

▼2024年ファーム個人打撃成績

選手名	打率	本塁打	打点	得点圏	出塁率	長打率	OPS	得点	盗塁	失策
池田陵真	.232	1	33	-	.330	.296	.626	23	1	2
横山聖哉	.223	1	22	-	.264	.258	.523	24	4	17
野口智哉	.223	0	20	-	.347	.300	.647	18	1	9
茶野篤政	.268	1	20	-	.340	.326	.666	35	16	2
内藤 鵬	.176	2	24	-	.235	.248	.483	13	0	3
堀 柊那	.254	0	20	-	.286	.305	.592	16	0	6

し、一軍で早くもプロ初安打を放った。内藤は怪我もあって二軍でもまだ成績を残せていないものの、時折見せる長打力は大きな魅力である。他にも捕手は堀柊那、外野手では池田陵真、茶野篤政が結果を残しており、今年は一軍定着に期待がかかる。少し気になるのが大学卒の選手の低迷が目立つ点だ。2021年ドラフト2位の野口智哉は昨年大きく成績を落とし、杉澤龍、福永奨も二軍でもなかなか存在感を示すことができていない。彼らが停滞していることが25歳前後のレギュラーが少ない要因の一つと考えられる。特に今シーズンは一軍でレギュラーが固まっていないポジションも多いだけに、大学卒の中堅選手をいかに引き上げられるかが重要になるだろう。

戦力チャート

投手陣は他球団と比べて強力もリリーフは不安
野手陣は攻撃、守備ともに苦しい布陣となる可能性大

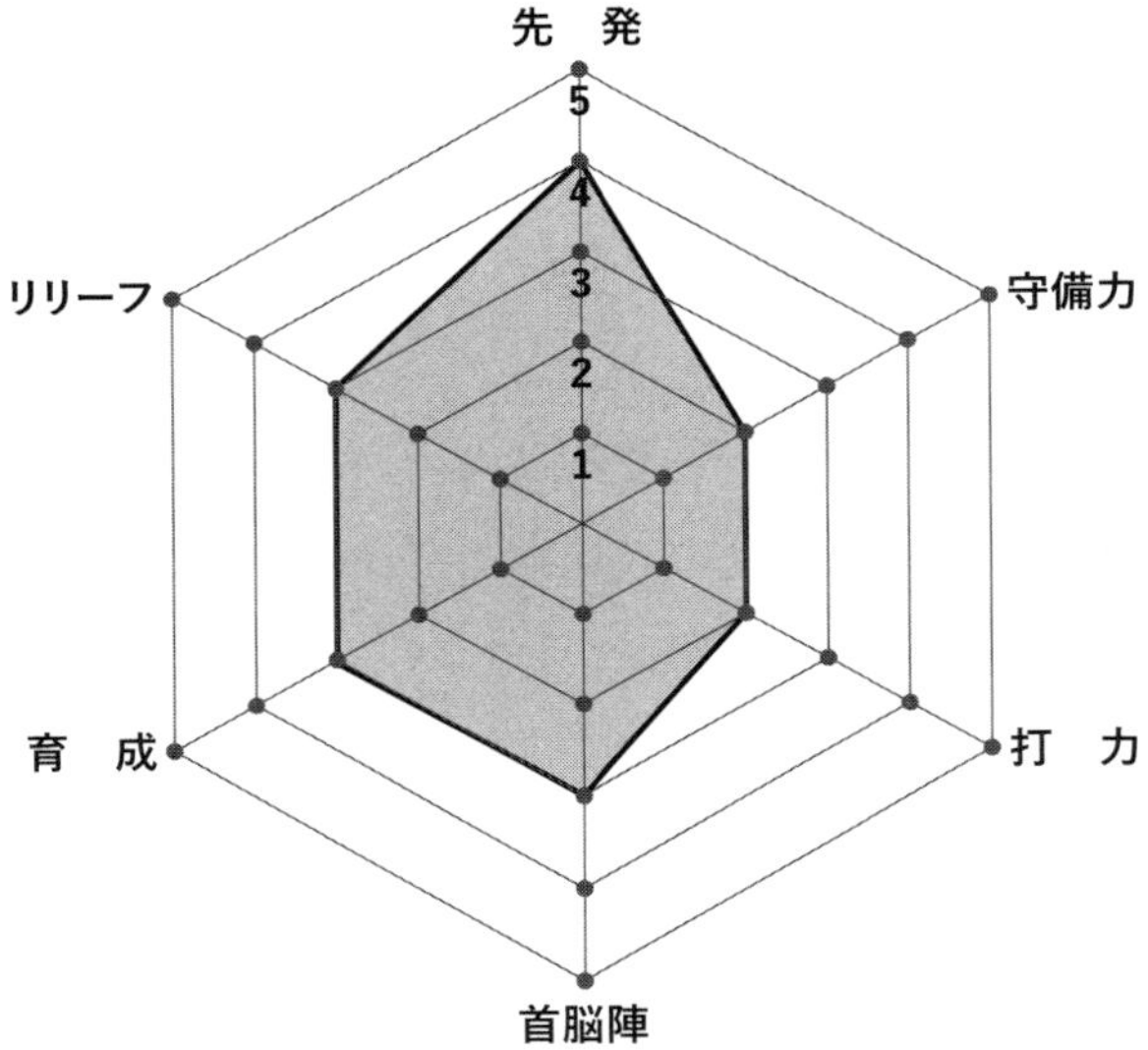

先発投手陣は実績のある投手が揃い、ここから成績を伸ばしそうな若手も多く、山本由伸の穴をある程度埋められる目途が立ったように見える。戦力分析のところでも触れたように抑えを確立できれば、安定した戦いができる可能性は高い。一方で課題が多いのが野手陣だ。捕手の森友哉と若月健矢、ショートの紅林弘太郎、レフトの西川龍馬以外はかなり流動的で、有力な中堅のレギュラー候補も少ない。攻撃はもちろん、守備面も安定したポジションが少なく、今年もメンバーを揃えるのに苦労しそうだ。

首脳陣分析　若い首脳陣が独自の色を出せるかに注目

パ・リーグ3連覇を達成した中嶋聡監督が退任。チーム躍進を支えた中垣征一郎巡回ヘッドコーチも退団し、体制は大きく変わることとなった。岸田護新監督を筆頭に未知数な部分も多い。旧体制ではフロントの力だけでなく、中嶋監督の主張の強さもプラスに働いていただけに、若い首脳陣がいかに自分の色を出して選手の能力を引き上げられるかが重要になるだろう。

2位・渡部聖弥（写真はアマチュア時代、著者提供）

埼玉西武ライオンズ

SAITAMA SEIBU LIONS

2024チーム成績

49勝91敗3分（パ6位）

2024チーム勝率

.350

得点 350点（パ6位）　失点 485点（パ3位）

本塁打 60本（パ6位）　盗塁 83個（パ4位）

打率 .212（パ6位）　防御率 3.02（パ4位）　失策 72個（パ4位）

2024観客総動員 155万5280人（12位）

2024チーム総年俸 32.1億円（9位）

1位

齋藤大翔［18］

抜群の守備と脚力が魅力のショート

―内野手―金沢高―

2年秋までは全国的にはそれほど名前を知られた存在ではなかったが、最終学年で一気に評価を上げて1位指名を受けた。初めてその評判を聞いたのは選抜高校野球の時で、2年夏の石川大会では3本のホームランを放っており、そのうち1本はランニングホームランと、とにかく運動能力の高さが光るという話だった。実際にプレーを見たのは春の石川県大会、対金沢桜丘戦だ。良い選手と言うのは探さなくても勝手に目に飛び込んでくるという話をスカウトから聞いたことがあるが、まさに齋藤はそういう選手だった。試合前のキャッチボール、シートノックのボール回しでもその動きと送球の勢いが一人だけレベルが違うことはすぐに分かった。強肩というよりもひじから先、特に手首の強さが感じられるスローイングで、小さいモーションでも勢いのあるボールを投げることができる。また平凡なゴロをさばく動きも躍動感にあふれており、素早く動きながら柔らかいハンドリングで打球と〝衝突〟することなく処理できるというのも長所だ。実戦でもプレーに落ち着きがあり、捕球してから送球するまでの流れも実にスムーズだった。

少し物足りなさが残ったのがバッティングだ。第2打席にレフトへのツーベースを放ったのはさすがだったが、全体的に強引に引っ張るようなスイングが多く、確実性もパワーも高いレベルではまだまだという印象は否めない。それでもタイミングのとり方は悪くなく、体の力がついてくれば改善する可能性は高い。また右打者でありながら二塁到達タイムは7・78秒をマークしており、これは十分に俊足と言える数字である。また足を緩めることなく次の塁を積極的に狙う姿勢も光った。期待されるのはもちろん源田壮亮の後釜である。守備と脚力に関しては間違いなくトップレベルであり、身体的なスケールがあるのも魅力だ。少し肩を痛めているという話もあるだけにまずはしっかりコンディションを整えて、一年目は二軍でのレギュラー獲得を目指したい。

西武の遊撃手は歴代屈指のプレーヤーたちが多く、齋藤もその中に加わりたい。(写真:著者提供)

2位

大学球界屈指の万能スラッガー

渡部聖弥［22］

―外野手―大阪商業大―

昨年の大学球界を代表する強打者の一人。広陵時代はそれほど名前を知られた存在ではなかったが、大学では入学直後から中軸に定着するとシーズン最多記録となる5本塁打、通算最多タイ記録となる119安打をマークするなど数々のタイトルを受賞した。広角に大きい当たりを放つ打撃は長打力と確実性を兼ね備えており、全国大会や国際大会での実績も申し分ない。たくましい体格でありながら脚力も抜群で、肩の強さも天下一品だ。4年秋はサードとしても安定したプレーを見せており、2位まで残っていたのは西武にとっては幸運だったと言えるだろう。

貧打に悩むチームということもあって、期待されるのは即戦力としての活躍だ。高いレベルの投手でもある程度結果を残すだけの力は十分備えているように見えるだけに、1年目から外野かサードのレギュラー争いに加わる可能性も高い。新たな中軸の確立はチームの大きな課題だけに、開幕から積極的に起用してもらいたい。

DRAFT 2024

3位

九州を代表する大型右腕

狩生聖真［18］

―投手―佐伯鶴城高―

九州のスカウト陣の間では早くから評判となっていた右腕。実際にピッチングを見ることができたのは昨年5月だったが、練習試合にもかかわらず日本ハムの栗山英樹CBOなど多くの球団幹部が視察に訪れており、その注目度の高さがうかがえた。体つきはまだまだ細いものの、手足の長いいかにも投手らしい体型で、柔らかい腕の振りが長所。全体的なフォームのバランスも悪くなく、指にかかった時のボールの勢いは目を見張るものがあった。まだ下半身の強さは不十分で、体重移動のスピードがなく、出力の高さを維持できないのは課題だ。スライダー、フォークも少し変化が早い印象を受けた。

ただ高校生投手が評価されやすい要素を多く持っていることは間違いなく、3位という高い順位の指名も納得だ。現在の投手陣は力のある選手が多いが、近い将来メジャー移籍を訴えるケースも多いだけに、それまでに一軍の戦力となることが期待される。最初の2年は体作りに取り組み、3年目に一軍定着を目指したい。

DRAFT 2024

4位

林 冠臣［22］

台湾出身の大型外野手

外野手｜日本経済大

台湾で生まれ育ち、高校で留学して日南学園に入学。当時は無名の存在だったが、大学で大きく力をつけてプロ入りを果たした。スイングの形はかなり癖が強く、高いレベルの投手への対応には疑問が残るものの、軽々とフェンスを越えるパワーは大きな魅力。4年時には春も秋も高打率をマークした。外野手としても肩の強さは一級品で、動きも悪くない。一軍の戦力になるまでに時間がかかる可能性は高いが、早くから西武が徹底マークしているという噂もあり、貧打に悩むチームにマッチした人材であることは間違いない。

DRAFT 2024

5位

篠原 響［18］

北信越の高校を代表する右腕

投手｜福井工大福井高

1年春から公式戦で登板するなど期待は大きかったが、その後はなかなか投球が安定せずに低迷。大きく成長を見せたのは3年春で、フル回転の活躍でチームの優勝に貢献した。投球を見たのは続く北信越大会で、初戦で敗れたものの145キロを超えるストレートの勢いは目を見張るものがあった。それほど体は大きくないが、全身を使って腕を振れ、フォームの躍動感も申し分ない。1試合を1人で投げ抜けるスタミナも魅力だ。将来性の高さは十分だけに、3位の狩生と切磋琢磨して数年後のローテーション入りを目指したい。

DRAFT 2024

6位

龍山暖［18］

抜群の強肩が光るキャッチャー

捕手　エナジック高

沖縄の新興勢力であるエナジックの一期生で、早くから注目を集めていた捕手。最大の魅力はその強肩で、低い軌道で一直線にセカンドベースまで届くスローイングは迫力十分だ。打撃も確実性は課題だが、パンチ力は申し分ない。捕手でありながら脚力があるのも持ち味だ。惜しくも甲子園出場は逃したが、3年春は県大会優勝を果たし、九州大会でも攻守に活躍を見せてプロからの評価を上げた。指名順位は低いものの、プロでもトップクラスの強肩は大きな武器なだけに、将来の正捕手候補としてかかる期待は大きい。

DRAFT 2024

7位

古賀輝希［24］

クラブチームで成長した内野手

内野手　千曲川硬式野球クラブ

佐賀商では3年夏に4番として甲子園に出場。日本経済大でも早くからリーグ戦に出場したが結果を残したのは4年秋だけで、卒業後に進んだ社会人クラブチームの千曲川硬式野球クラブで力をつけて指名を勝ち取った。左打者だが左方向にも強い打球を放つ打撃が持ち味で、西武三軍との試合でもレフトにホームランを放っている。守備はそこまで目立たないが、ファースト、セカンド、サードを守ってきた経験があるのはプラスだ。パンチ力のある打者が不足しているだけに、打撃をアピールしてセカンドのレギュラー争いに加わりたい。

DRAFT 2024

育成

育成1位
冨士大和
投手／大宮東高

育成2位
佐藤太陽
内野手／神奈川大

育成3位
ラマル ギービン・ラタナヤケ
内野手／大阪桐蔭高

育成4位
佐藤 爽
投手／星槎道都大

育成5位
澤田遥斗
外野手／京都国際高

育成6位
福尾遥真
内野手／学法石川高

育成7位
ウメビンユオ・オケム明
外野手／旭川志峯高

高校生を中心に7名を指名。楽しみな大砲候補も

球

団としては史上最多となる7人の育成選手を指名。三軍制を導入しながらも、昨シーズンはチーム編成が困難で試合が行えなかったケースが多く、その対応という意味合いもありそうだが、7人中5人が高校生と将来性を重視した指名となった印象だ。

育成1位の冨士は下級生の頃から評判だったサウスポー。スピードは140キロ程度でも空振りを奪えるのが持ち味で、奪三振率が高い。少し独特なフォームで指導するコーチは難しさもありそうだが、上手く出力アップできれば楽しみな存在となりそうだ。

育成2位の佐藤はスピードと守備力が光る内野手。三振の多さは気になるが、4年の2シーズンはいずれも5割近い出塁率をマークし、秋にはMVPにも輝いた。内野のユー

ティリティプレーヤーとして早期の支配下登録を目指したい。

育成3位のラマルは中学時代から大砲候補として話題となっていたスラッガー。守備の不安から3年夏は代打での出場に終始したが、春までは4番も務めていた。まずは持ち味の長打力を伸ばしながら、課題の守備もレベルアップを図りたい。

育成4位の佐藤は札幌学生リーグを代表する左腕。4年秋にはスピードが落ちて評価も下げたが、春までは抜群の成績を残していた。制球力と変化球は高レベルだけに、ストレートを磨いてまずは二軍のローテーション入りを目指したい。

育成5位の澤田は昨年夏の甲子園で初優勝を果たした京都国際の中軸として活躍した万能タイプの外野手。脚力を生かしたセンターの守備は動きの良さが目立ち、素早い送球でも目立つ。小柄だがミート力が高く、積極的な走塁も持ち味だ。

育成6位の福尾はセンスの良さが光るショート。プレーの形が良く、安定した守備は高校生では上位のレベルだ。力強さはまだないものの、ミート力も高い。まずは守備力でアピールして、二軍、三軍での出場機会を増やしたいところだ。

育成7位のウメビンユオはパワーが魅力の外野手。攻守ともに粗削りだが、豪快なスイングと肩の強さは目立つ。タイプ的にも育成3位のラマルと重なる部分は多いだけに、切磋琢磨して将来の中軸を目指してもらいたい。

過去ドラフト通信簿

70点

▶2022

1位 蛭間拓哉（外野手／早稲田大）
2位 古川雄大（外野手／佐伯鶴城高）
3位 野田海人（捕手／九州国際大付属高）
4位 青山美夏人（投手／亜細亜大）
5位 山田陽翔（投手／近江高）
6位 児玉亮涼（内野手／大阪ガス）

▶2023

1位 武内夏暉（投手／國學院大）
2位 上田大河（投手／大阪商業大）
3位 杉山遙希（投手／横浜高）
4位 成田晴風（投手／弘前工業高）
5位 宮澤太成（投手／徳島インディゴソックス）
6位 村田怜音（内野手／皇學館大）
7位 糸川亮太（投手／ENEOS）

投手は強化成功も野手は課題多い

2018年、2019年にはパ・リーグ連覇を達成。当時のチームの売りは〝山賊打線〟と言われた強力野手陣で投手力が課題だった。そんな事情もあって過去5年間では上位指名で積極的に力のある投手を獲得。この中から隅田知一郎、佐藤隼輔、そして昨年新人王の武内夏暉などが早くから戦力となり、それ以前に獲得した今井達也、平良海馬、松本航なども加えて投手陣の立て直しにはある程度成功した印象を受ける。

それでも70点という点数にとどまったのは野手の指名が上手く機能していないからだ。2020年には支配下指名の7人中5人が野手で、2022年にも上位指名3人が野手と思い切った指名に振り切った年もあ

▶2019

1位 宮川 哲
（投手／東芝）

2位 浜屋将太
（投手／三菱日立パワーシステムズ）

3位 松岡洸希
（投手／埼玉武蔵ヒートベアーズ）

4位 川野涼多
（内野手／九州学院高）

5位 柘植世那
（捕手／Honda鈴鹿）

6位 井上広輝
（投手／日本大第三高）

7位 上間永遠
（外野手／徳島インディゴソックス）

8位 岸 潤一郎
（外野手／徳島インディゴソックス）

▶2020

1位 渡部健人
（内野手／桐蔭横浜大）

2位 佐々木 健
（投手／NTT東日本）

3位 山村崇嘉
（内野手／東海大付属相模高）

4位 若林楽人
（外野手／駒澤大）

5位 大曲 錬
（投手／福岡大準硬式野球部）

6位 タイシンガーブランドン大河
（内野手／東京農業大北海道オホーツク）

7位 仲三河優太
（外野手／大阪桐蔭高）

▶2021

1位 隅田知一郎
（投手／西日本工業大）

2位 佐藤隼輔
（投手／筑波大）

3位 古賀悠斗
（捕手／中央大学）

4位 羽田慎之介
（投手／八王子学園八王子高）

5位 黒田将矢
（投手／八戸工業大第一高）

6位 中山誠吾
（内野手／白鴎大）

るが、この中からレギュラーを獲得した選手はまだいない。伸び悩んでいるだけでなく、既に退団した選手や育成契約となっている選手が目立つのが頭が痛いところだ。特に大きな誤算だったのがともに1位指名した渡部健人と蛭間拓哉の2人ではないだろうか。ともに1年目から二軍では結果を残していたものの、一軍レベルの投手にはまだ対応できていない。リーグ連覇を達成した時の主力野手が軒並み退団しており、その穴を埋める存在が出てきていないことが昨年の歴史的な低迷に繋がった大きな要因であることは間違いないだろう。

昨年のドラフトでも積極的に野手を上位指名しているが、まだまだ十分とは言えない。独自戦略である地方大学からの獲得も以前と比べると機能していない印象を受ける。特に野手の指名に関しては全体的に見直す必要がありそうだ。

▼2025年 埼玉西武ライオンズ 年齢構成早見表

※2025年2月1日現在。
年齢は2025年の誕生日時。

年齢	投手		捕手		内野手		外野手	
	右投げ	左投げ	右打ち	左打ち	右打ち	左打ち	右打ち	左打ち
42					中村剛也			栗山 巧
41								
40								
39								
38			炭谷銀仁朗					
37								
36								
35								
34	平井克典							
33					外崎修汰			
32						源田壮亮		
31	田村伊知郎 ウィンゲンター ラミレス				山野辺翔			
30	與座海人 中村祐太							松原聖弥
29	松本 航 甲斐野央						岸潤一郎	
28	髙橋光成 ボー・タカハシ		柘植世那		佐藤龍世	平沢大河	ネビン	平沼翔太
27	今井達也 水上由伸 糸川亮太				セデーニョ 児玉亮涼 渡部健人	元山飛優		
26	平良海馬	隅田知一郎	古賀悠斗			髙松 渡	奥村光一	西川愛也
25	渡邉勇太朗 青山美夏人	佐藤隼輔			野村大樹	古賀輝希		蛭間拓哉
24	上田大河	武内夏暉		牧野翔矢	村田怜音			
23			古市 尊			山村崇嘉	長谷川信哉 渡部聖弥 林 冠臣	
22	豆田泰志	菅井信也 羽田慎之介				滝澤夏央		
21	黒田将矢 山田陽翔						古川雄大	
20		杉山遙希						
19	成田晴風 狩生聖真 篠原 響		龍山 暖					
18					齋藤大翔			

現在のチームは完全な投高打低だが、年齢構成表からもそれがよく分かる。投手陣は25〜30歳に主力選手が集中しており、まだまだ余力を感じる選手が多い。高校卒の若手にも羽田慎之介、菅井信也、黒田将矢という将来性のある選手が名を連ねており、今後の楽しみも多い。一方の野手は中村剛也、栗山巧、炭谷銀仁朗という大ベテランに依存している部分が多く、外崎修汰、源田壮亮の２人も既にベテランと呼べる年齢となっている。若手、中堅でレギュラーとして期待できそうなのは捕手の古賀悠斗だけ。今後数年での相当な底上げが必要だ。

投手

先発陣は充実の布陣も、今年はブルペン陣の整備が課題

昨年はエースの高橋光成が0勝11敗というまさかの成績に終わったが、それでも先発投手陣は強力な布陣となっている。特に大きいのが今井達也と隅田知一郎の成長だ。ともに長いイニングを投げる力があり、三振を奪えるのも大きな魅力。年齢的にもまだ若く、今年はさらに成績を伸ばす可能性も高い。加えて昨年新人王に輝いた武内夏暉も安定感は抜群で、渡邉勇太朗も成長を見せている。高橋が復調できなくても、ある程度戦えるだけのローテーションを組める可能性は高い。

一方で課題となるのがリリーフ陣だ。長年抑えを務めてきた増田達至が引退し、昨年チーム最多の28セーブをマークしたアブレイユも退団。抑えは平良海馬の起用が明言されているが本人は先発を希望しており、モチベーション的に不安が残る。そんな中で期待したいのが昨年ソフトバンクから加入した甲斐野央だ。移籍1年目は開幕から調子が上がらず19試合の登板に終わったが、それでも11ホールドをマークしており、ボールの勢いはチームの中でも屈指。また左腕の佐藤隼輔も年々安定感を増している。平良とこの2人を軸にして、新外国人選手などを交えながらブルペンを整備していくことになりそうだ。

野手

大砲不足は深刻。ルーキーの渡部への期待は大きい

昨年のチーム打率、本塁打、得点はいずれも圧倒的なリーグ最下位。シーズンで二桁本塁打を放った選手は0で、100安打以上も源田壮亮だけだった。ここまで打線が機能しなかったのは西武が親会社となった直後以来のことである。最大の課題は得点源となる中心打者の不在だ。長年主砲として活躍してきた中村剛也もさすがにシーズンを通じて結果を残すのは難しくなっているが、その中村がチーム最多タイの7本塁打というのが苦しい状況をよく表している。新たな4番として期待されるのがオリックスから移籍したセデーニョだ。粗さはあるもののパワーは申し分なく、年齢的にもまだ若い。最低でも20本塁打以上は期待したい。もう一人期待したいのがルーキーの渡部聖弥だ。選手紹介でも触れたが広角に長打を打てるのが魅力で、外野に加えてサードを守れるのも大きい。早くから一軍に抜擢してもらいたい好素材だ。守備面で気になるのがセカンドだ。外崎修汰が守備の不安から他の守備位置にコンバートされる可能性が高く、その後釜が必要となる。得点力を考えると昨年サードを守った佐藤龍世や山村崇嘉、さらにルーキーの古賀輝希など、ある程度のパワーのある選手を鍛えて起用したいところだ。

▼埼玉西武ライオンズ 2024年個人投手成績

選手名	勝利	敗戦	S	H	防御率	奪三振率	与四球率	K／BB	WHIP
隅田知一郎	9	10	0	0	2.76	7.73	1.76	4.40	1.09
今井達也	10	8	0	0	2.34	9.71	3.63	2.67	1.17
武内夏暉	10	6	0	0	2.17	6.63	1.36	4.86	0.98
髙橋光成	0	11	0	0	3.87	6.75	2.66	2.54	1.45
渡邉勇太朗	3	4	0	0	2.67	5.13	2.77	1.85	1.23
アブレイユ	2	5	28	11	2.39	6.06	3.67	1.65	1.18
佐藤隼輔	2	1	0	17	1.69	7.47	4.10	1.82	0.99
ヤン	0	0	0	2	5.58	10.27	5.58	1.84	1.66
松本 航	1	9	0	6	3.93	5.56	3.93	1.41	1.25
ボー・タカハシ	2	9	0	7	3.22	5.94	3.34	1.78	1.33
本田圭佑	1	4	0	10	4.11	5.28	4.11	1.29	1.63
水上由伸	1	1	0	6	5.28	4.03	4.34	0.93	1.66
田村伊知郎	1	0	0	1	1.82	7.28	3.34	2.18	1.18
中村祐太	0	1	0	0	3.09	4.78	3.38	1.42	1.19
平良海馬	3	2	0	9	1.66	7.95	3.88	2.05	1.34
甲斐野央	0	2	0	11	2.95	7.36	4.91	1.50	1.36

▼埼玉西武ライオンズ 024年個人打撃成績

選手名	打率	本塁打	打点	得点圏	出塁率	長打率	OPS	得点	盗塁	失策
源田壮亮	.264	3	21	.229	.307	.337	.644	41	12	4
外崎修汰	.227	7	41	.216	.312	.337	.649	41	11	5
佐藤龍世	.244	7	34	.230	.330	.390	.720	25	0	5
西川愛也	.227	6	31	.347	.263	.332	.595	30	8	0
岸潤一郎	.216	6	25	.286	.260	.324	.584	25	4	1
古賀悠斗	.228	3	12	.180	.286	.285	.570	16	0	2
長谷川信哉	.183	2	8	.140	.274	.240	.514	13	10	1
蛭間拓哉	.220	1	16	.268	.266	.280	.547	16	3	1
山村崇嘉	.219	2	23	.311	.268	.284	.552	14	1	8
中村剛也	.191	7	14	.093	.254	.372	.626	13	1	0
野村大樹	.225	5	22	.214	.305	.410	.716	15	1	4
栗山 巧	.226	1	12	.179	.364	.323	.686	8	0	0
平沼翔太	.265	0	9	.375	.317	.333	.650	12	0	4
金子侑司	.211	2	8	.192	.279	.266	.544	14	3	0
滝澤夏央	.186	0	4	.174	.244	.229	.473	15	3	6
アギラー	.204	2	10	.205	.274	.301	.575	7	0	1

ファーム

投手は楽しみな若手が多いが野手は寂しい状況

昨年のイースタン・リーグでの順位は3位と悪くないが、選手個々の成績などを見ると一軍と同様に野手に課題が多いように見える。チーム最多の11本塁打を放った渡部健人は将来の4番候補として期待が高かったが、毎年一軍の壁に跳ね返されているのが現状。それに続く7本塁打の高木渉、6本塁打のコルデロは昨シーズン限りでいずれも退団となっている。その他の成績上位者を見ても若手と言えるのは金子功児と長谷川信哉くらいだけで、金子は育成選手である。昨シーズンは歴史的な貧打から奥村光一、ガルシアなどを育成から支配下に昇格させたが、正直まだそのレベルに達していないように見えた（ガルシアは今年から再び育成契約）。かつての将来が楽しみな若手野手が揃っていた時代と比べると寂しい限りである。

一方の投手陣は面白い顔ぶれが揃っている。中でも将来の中心選手として楽しみなのが年齢構成表でも触れた羽田慎之介、菅井信也、黒田将矢の3人だ。羽田は〝和製ランディ・ジョンソン〟とも言われる大型左腕でボールの勢いは出色。菅井も育成出身ながら昨年は一軍で初勝利もマークした。黒田も大型の本格派右腕で躍動感あふれるフォームが

▼2024年ファーム個人投手成績

選手名	勝利	敗戦	S	H	防御率	奪三振率	与四球率	K／BB	WHIP
與座海人	7	3	0	0	2.51	4.75	2.24	2.12	1.24
上間永遠	4	8	0	0	2.95	4.56	2.76	1.66	1.43
羽田慎之介	6	2	0	0	1.98	8.85	5.03	1.76	1.14
青山美夏人	5	3	0	0	2.51	4.44	3.65	1.22	1.23
黒田将矢	0	2	0	0	3.94	5.62	5.06	1.11	2.00
菅井信也	3	3	0	0	2.72	9.83	2.37	4.15	1.20

▼2024年ファーム個人打撃成績

選手名	打率	本塁打	打点	得点圏	出塁率	長打率	OPS	得点	盗塁	失策
渡部健人	.247	11	48	-	.360	.425	.785	43	5	7
長谷川信哉	.321	4	25	-	.368	.460	.828	28	18	1
奥村光一	.242	2	9	-	.304	.384	.687	17	13	0
ガルシア	.200	3	10	-	.299	.275	.574	10	1	0
金子功児	.209	1	16	-	.263	.314	.578	19	2	7
元山飛優	.254	2	15	-	.313	.345	.657	20	7	12

魅力。彼らは揃って高校卒であり、まだまだ選手としての底を見せていない。他にも青山美夏人、杉山遥希が順調に二軍で実績を積んでおり、アマチュア時代と比べても成長を見せている。ここにルーキーの狩生聖真、篠原響の高校卒ルーキーが加わり、若手の層はさらに厚くなった印象を受ける。

今後さらに重要になってくるのは投手も野手も多く指名した育成選手からの発掘ではないだろうか。昨年は菅井などが一軍デビューを果たしたものの、まだまだ戦力となっている選手は多くはない。選手数が足りずに実戦を組めないケースも多かった。昨年のドラフトで多く獲得した育成ルーキーに希望を与える意味でも、新たな育成の星の登場に期待したいところだ。

戦力チャート

先発投手はコマが揃うもリリーフ陣は整備が必要
打線は源田以外のレギュラー不在で立て直しが急務

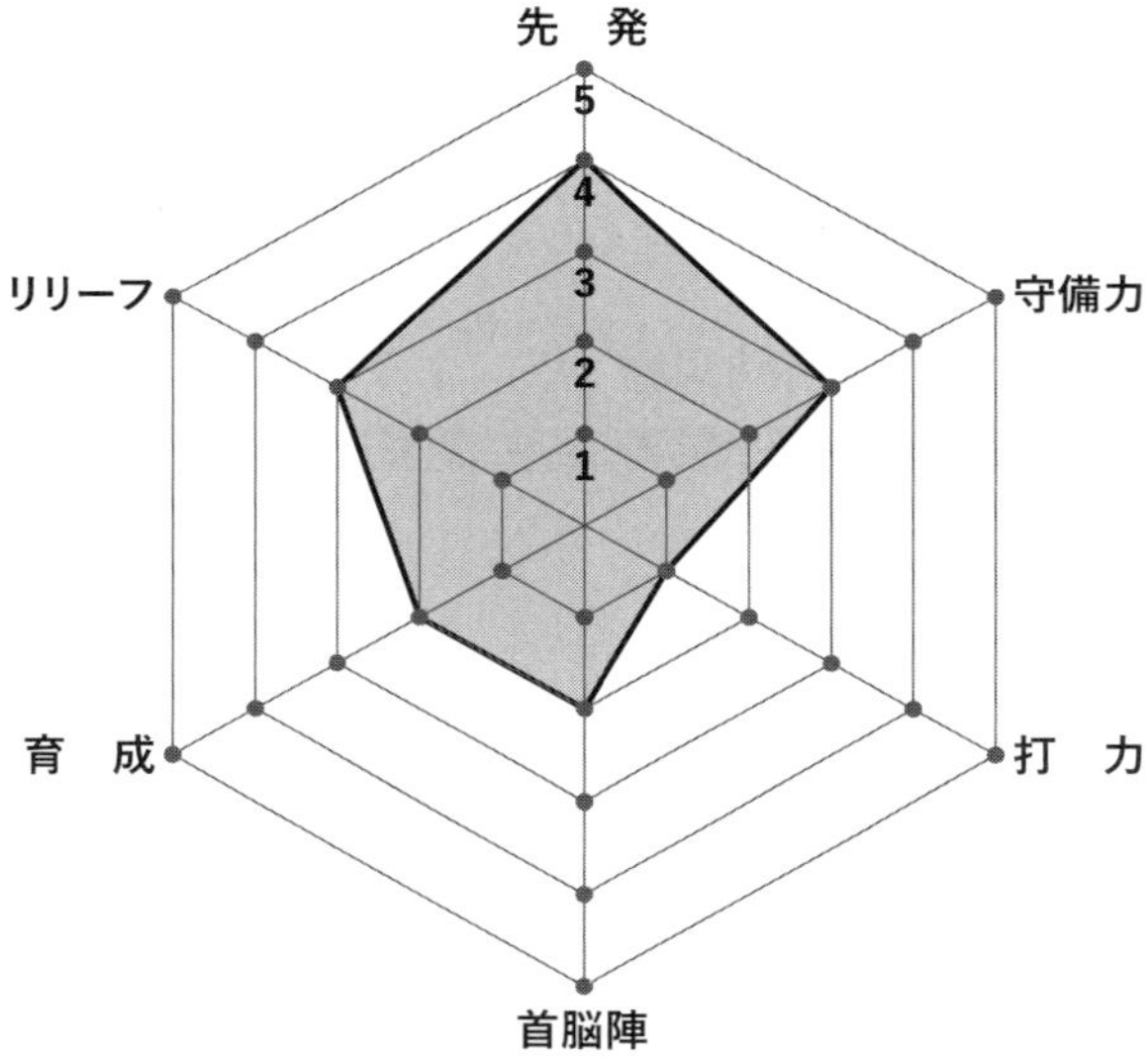

他球団と比べて明確な強みとなるのが先発投手陣だ。実力と若さの両方を備えた選手が多く、二桁勝利を期待できる選手も多い。ただその一方で他に関しては全てが物足りない印象は否めない。リリーフは安定した投手が少なく、層の薄さが課題。そしてそれ以上に野手は課題が山積みだ。粗さがあっても力があれば選手が育っていたのは昔の話で、現在は二軍まで見ても期待できる野手は少ない。ショートの源田以外は全てレギュラーを白紙にして、一からチームを作り直すくらいの姿勢が必要となるだろう。

首脳陣分析 **西口二軍監督が昇格も課題は野手の底上げ**

昨年途中で松井稼頭央監督が休養し、渡辺久信GM兼監督代行もオフに退団。後任は二軍から昇格する形で西口文也監督が務める。若手投手陣を引き上げた点は評価できるが、チームの最大の課題は野手陣であることを考えると、その手腕は不透明と言わざるを得ない。外部から招聘した鳥越裕介ヘッドコーチ、仁志敏久野手チーフ兼打撃コーチの働きがカギになりそうだ。

Column 1

現役ドラフト、トレード、FA…補強の“今”

24 年オフのストーブリーグも様々な動きがあったが、ファンの間で最も物議を醸したのが上沢直之のソフトバンク入団である。上沢は23年オフにポスティングシステムを申請してレイズとマイナー契約。開幕前にはレッドソックスに移籍したが、メジャーでは2試合の登板に終わり、わずか1年での日本球界復帰となったのだ。上沢はFA権を取得しておらず、ポスティングシステムで日本ハムが得た譲渡金が100万円以下という金額だったこともあって、この決断に対する批判の声は多い。ちなみに有原航平も同じようにFA権を取得しないままポスティングシステムでメジャーに移籍し、2年プレーした後にソフトバンクに入団している。日本ハムの新庄剛志監督も1月に行われた監督会議でこの流れに対して異論を唱えて話題となった。上沢も有原もソフトバンクもルールに反したわけではないが、ポスティングシステムでの移籍は所属球団の承認がなければ成立しないことを考えると、上沢を批判したファンや新庄監督の意見も理解できる。ちなみに韓国のKBOではポスティングシステムを利用してメジャーに移籍した選手がKBOに復帰する際は、元々所属していた球団がその保有権を4年間保持するというルールで、このような問題は起こらない。NPBはFA制度、ポスティング制度の〝抜け穴〟となっている状況だけに、何かしらのルール改正は必要だと言えるだろう。

一方で選手の移籍について近年明るい話題となることが多いのが22年オフにスタートした現役ドラフトだ。初年度に移籍した選手では細川成也（DeNA↓中日）、大竹耕太郎（ソフトバンク↓阪神）がいきなり主力となり、昨年も水谷瞬（ソフトバンク↓日本ハム）がブレイクした。他にもオコエ瑠偉（楽天↓巨人）、漆原大晟（オリックス↓阪神）、佐々木千隼（ロッテ↓DeNA）、博志（中日↓オリックス）、長谷川威展（日本ハム↓ソフトバンク）、中村祐太（広島↓西武）も貴重な戦力となっている。彼らの多くが現役ドラフトの制度がなければ、ここまで成績を上げていた可能性が低かったことは間違いないだろう。そしてこのオフに現役ドラフトで移籍した選手でも面白い存在となりそうな選手は少なくない。投手でまずチャンスが多そうなのが矢崎拓也（広島↓ヤクルト）と浜地真澄（阪神↓DeNA）の2人だ。矢崎は22年には47試合に登板して防御率1点台、23年には抑えも任せられて24セーブをマーク。浜地も22年には52試合で21ホールドをマークして防御率1点台前半と中継ぎとしての実績がある。移籍したヤクルト、DeNAはともに投手が大きな課題となるだけに、貴重な戦力となりそうだ。野手では吉田賢吾（ソフトバンク↓日本ハム）が面白い。22年のドラフト6位での入団ながら二軍では2年連続で打率3割以上をマーク。昨年は一軍で初安打、初打点も記録した。日本ハムもライバルとなる選手は多いものの、ソフトバンクほどレギュラーが固定されていないだけに、レギュラー獲得のチャンスもありそうだ。またこの第3回目の開催では初めて2巡目で指名される選手も出てきただけに、今後も活発な移籍に期待したい。

国内FA市場についてはここ数年ソフトバンクが近藤健介、山川穂高を獲得して大きな戦力アップに繋がっているが、このオフには石川柊太、甲斐拓也と2人の選手を放出する側に回った。近年移籍する選手を見ても、石川や山﨑福也（オリックス→日本ハム）など条件的にはソフトバンクや巨人の方が上でも他球団を選択するケースが目立つ。また西川龍馬（広島→オリックス）が移籍した際にパ・リーグでのプレーが希望だったというのも、以前には見られなかったことだ。それだけ自分のキャリアについてよく考える選手が増えている証拠であり、単純な金銭面だけでは勝負できない時代になっていることを象徴しているとも言える。

また獲得する球団側も人的補償が発生するランクの選手に対しては獲得に向けて二の足を踏むケースも多いように感じられる。本当のトップクラスの選手はポスティングシステムや海外FA権を行使してメジャー移籍を目指すケースが多く、国内FA市場に出てくる選手も限られているだけに、今後はより一層FAでの補強が難しい時代になっていると言えそうだ。

Column 2

ファームに新球団が参入！　今後の展望は？

昨年のプロ野球界で大きなトピックの一つがオイシックス、くふうハヤテという ファームの２球団が新規参入したことである。ファームではあるものの、球団数が増加するのは実に66年ぶりのことであり、特に地元の新潟と静岡では取り上げられることも多かった。

改めて１年目のチーム成績を見てみるとオイシックスがイースタン・リーグで41勝79敗６分、勝率３割４分２厘、くふうハヤテがウエスタン・リーグで28勝84敗８分、勝率２割５分でいずれも最下位に終わった。オイシックスは前年までＢＣリーグで戦ってきた実績があった分、くふうハヤテに比べると勝率は高かったが、それでも７位の楽天とのゲーム差は14ゲームと大きく、改めてＮＰＢのレベルの高さを感じたファンも多かったのではないだろうか。

しかしファームの球団は勝つこと以上に選手を一軍に輩出することが重要である。それを考えるとオイシックスから下川隼佑（ヤクルト育成３位）、くふうハヤテからは早川太貴（阪神育成３位）がドラフト指名を受け、また23年オフにオリックスを自由契約になってくふうハヤテでプレーしていた西濱勇星がヤクルトと育成契約を結んでＮＰＢ復帰を果たしたというのはある程度の成果と考えられるだろう。このオフにもＮＰＢを戦力外となった選手や、独立リーグでプレーしていた選手が移籍するケースも多く、その中からNPB復帰やドラフト指名が出てくることも十分に考えられるだろう。

ただ課題もまだまだ多いことは事実だ。選手の獲得という意味ではやはり高校生や大学生の有望株が入団してくるケースがほとんど見られないというのが気になるところだ。昨年までの流れではNPBのドラフトが終わった後に独自にトライアウトを行っているが、競合となる独立リーグのチームも多く、有望選手の獲得は難しい。NPBのファーム球団というからには、NPBの育成ドラフトには参加できるようにするということは検討すべきだろう。選手にとってもNPBファームの2球団は結果を残せば1年でドラフト指名されるという点に加えて、日常的にNPB選手と対戦できるのは大きなメリットである。独立リーグにはない強みをもっと生かせる制度を検討すべきだろう。

そしてやはり期待したいのが一軍球団の増加、エクスパンションだ。メジャーの30球団に比べて現在の12球団というのはやはり少ない印象は否めない。05年に誕生した楽天が仙台という都市の規模で1年目から黒字を達成し、国内の独立リーグが各地区で増加していることを考えても開拓できる市場はまだまだあるはずだ。そのためにもファーム2球団の存在は重要であり、今年は成績を伸ばしてさらに多くの選手を一軍に輩出してくれることを期待したい。

Column 3

賛否両論!?　三軍制の是非を問う

近年のプロ野球界でトレンドとなっているのがファームの整備だ。ソフトバンク、巨人に続いて西武が三軍制を導入すると、オリックス、阪神もファームの施設を整備し、ヤクルトも茨城県守谷市にファームの新球場建設を発表。ロッテ、日本ハム、中日などもファームの本拠地移転を検討しているという報道が出ている。外国人選手が以前ほど結果を残せないケースが増え、ＦＡでの補強も難しくなっていることもあり、今後もこの流れが続いていく可能性は高いだろう。

ただ一方で育成選手を多く抱えるやり方に対して否定的な意見があることも確かだ。現在のＮＰＢでは支配下登録の上限が70人となっており、毎年育成から昇格できる人数は決して多くはない。２０２３年から四軍制を導入したソフトバンクでは、一度支配下登録されながらも再び育成契約を打診された三浦瑞樹（中日へ移籍）、仲田慶介（西武へ移籍）の2人がその申し出を拒否して退団。他球団と育成契約を結ぶという事態も起こっている。同じ育成選手でもライバルが多いソフトバンクよりも、他球団の方が支配下昇格のチャンスが多いと考えるのは当然であり、今後も同様のケースが出てくる可能性も高そうだ。

支配下登録の選手が60人から70人に増加したのは92年のことで、05年11月には育成選手制度がスタート。この時に支配下登録の枠数撤廃も議論されたが、戦力均衡化の観点から見送られている。たしかに支配下登録の枠数がなくなれば、資金力のある球団が有利になることは明らかであり、アマチュア選手に対する過剰な青田刈りが進む可能性も高いと思われるため、野球界全体のことを考えても得策とは言えない。ただ現行の育成選手制度に問題があり、改善が必要なことは確かだろう。

まず検討したいのが育成選手とは別に、怪我で長期離脱となった選手の枠を設けるということだ。これまでもトミー・ジョン手術などで長期リハビリとなった選手は実績があっても育成契約となることが多く、本来の制度とは異なる意図で使用されていることは間違いない。もう一つ検討したいのがレンタル移籍制度の導入だ。球団によっては明らかに余剰戦力となっていて出場機会に恵まれない選手でも、他球団であれば試合に出られるチャンスがある選手は少なくない。現役ドラフトでの移籍をきっかけにブレイクした選手も多いだけに、レンタル移籍制度ができればその流れも加速する可能性は高いだろう。

多くの選手にチャンスを与えるという意味でも育成選手制度、三軍制は有意義なことであるが、現在はそれが生かし切れていないという印象は否めない。戦力の均衡化が大幅に崩れるような制度は問題があるものの、限られた人的資源を有効活用するためにも、積極的な見直しを議論してもらいたいところだ。

Column 4

選手だけが戦力ではない！　球団を支える意外な“力”

プロ野球チームを支える大きな力と言えばやはりファンの存在である。昨年のホームゲームの観客動員数を見ると阪神が300万人を上回り12球団のトップで、続いて巨人（282万5761人）、ソフトバンク（272万6058人）となっている。伝統があり、なおかつ現在も強さを維持している3球団が他球団と比べても頭一つ抜けた存在であることは間違いないだろう。

しかし少し長いスパンでの推移を見ると、異なる側面も見えてくる。観客動員数の実数が発表されるようになったのは球界再編問題が起こった翌年である05年からで、昨年でちょうど20年が経過したこととなる。そして20年前との比較で減少しているのが阪神と巨人の2球団のみという結果となっているのだ。逆に増加している球団を多い順に並べるとDeNA、広島、オリックス、日本ハムという順番になっている。05年のチーム成績を見るとこの4チームはいずれも勝率5割以下となっており、そこからDeNAは昨年日本一、広島とオリックスはリーグ3連覇、日本ハムも二度の日本一に輝くなどチーム状態が上向いたことも当然影響していると思われるが、理由はそれ以外の部分にもあるはずだ。

広島と日本ハムで大きいのは09年に開場したマツダスタジアム、24年に開業したエスコンフィールドHOKKAIDOという新球場の存在だ。広島市民球場時代の広島の観客動員数は100万人台前半で推移していたが、マツダスタジアムに移転して以降は150万人を下回ることはなく200万人以上を記録している年も多い。日本ハムも昨年は7年ぶりとなる来場者数200万人を突破した。

ただ過去20年間で本拠地が移転したのはこの2球団だけであることを考えると、観客増加の理由は単なるハード面の整備以外にもあることは間違いない。特に目覚ましい成長を見せているのがDeNAだ。人口が東京の次に多い神奈川県で、さらに本拠地の横浜スタジアムもJR関内駅から徒歩2分という好立地でありながら以前はスタンドには閑古鳥が鳴いていた状態だったが、親会社がDeNAとなった12年シーズンからあらゆる面で改革を実行。ここ数年では平日のナイトゲームでもチケットを確保するのが難しい人気球団へと変貌したのだ。チーム成績が上向いたという点もあるが、DeNAが親会社になってからリーグ優勝を果たしたシーズンはいまだになく、強化面よりも経営面での成果が先行して出ていると言えそうだ。

そしてリーグという枠組みで見た時にこの20年で大きく変わったのはパ・リーグである。05年と24年の観客動員数を比べてみると6球団全てが40万人以上の増加に転じており、その合計は381万1849人とセ・リーグ6球団合計の294万5253人を大きく上回っている。各球団の努力ももちろんあるが、パ・リーグは6球団が共同出資して07年にパシフィック・リーグ・マーケティングを設立し、12年からは「パ・リーグTV」の配信をスタートさせるなどリーグをあげてマーケティングを強化していこうという姿勢がセ・リーグよりも明らかに強いのだ。03年オフに新庄剛志監督がメジャーから日本球界に復帰する際に「これからはパ・リーグです」と発言しているが、その流れは現実のものとなっていると言えるだろう。

またこの20年で大きく変わったことと言えば球団広報や選手個人の発信方法である。20年前にプロ野球に関するニュースはテレビ、新聞がメインだったが、現在では各球団の公式アカウントや選手個人のアカウントがSNSを通じて発信するケースが圧倒的に増えているのだ。球団別Xアカウントでは阪神が約188万人でトップで、NPBでプレーしている選手では田中将大（巨人）が約170万人とそれに迫る数字となっている（25年1月現在）。選手も重要な発表については球団を通しての会見だけでなく、SNSを通じて声明を出すことも一般的になっている。エンゲージメントの強いファンを獲得するためにも、球団や個人の発信力はより重要な時代になっていると言えそうだ。

そうなってくるとより強化したいのが球界全体でのSNSなどに対するリテラシーの向上ではないだろうか。中には入団した選手に対して教育を行っている球団もあるが、有効活用できているケースはまだまだ少ないように見える。また高校野球や大学野球など学生野球ではいまだにSNSの使用を制限しているチームも少なくない。野球界は個人が勝手な発信をするとリスクが大きいというデメリットの部分ばかりに目が向いているように感じられる。ただ一般社会を見れば、ファンを増やすためにSNSなどを活用しないというのはあり得ない時代となっていることは確かだ。そういう意味でもNPBがあらゆることに対してアンテナを高くし、野球界全体のファンを増やすためにリードしていくような存在となっていくことが必要だろう。

ここまでは主にファンについて触れてきたが、近年プロ野球界で高まっているのがアナリストやバイオメカニスト（動作解析の専門家）、トレーナーなど監督、コーチ以外に選手のパフォーマンスを上げる役割を担う人材だ。ボールの回転数、変化量、打球の速度、角度、投手のリリース位置などあらゆるデータをとることが可能になり、これまで感覚で語られていたことが数字で見られるようになったのは大きな進歩だ。トレーニングについても科学的なアプローチによってどんなプレーを伸ばすにはどの部位を鍛えれば良いかが明確になってきており、そのことが投手のスピードアップに繋がっている。選手もチームでの練習だけでなく、個人でアナリストやトレーナーと契約してトレーニングするケースも増えており、そのことによってパフォーマンスが向上した例も多い。このオフにはイチローが過度なデータ依存について疑問を呈する発言をしたことが話題となったが、データを分析すること自体の問題ではなく、あくまでもそれを受け止める側である選手の姿勢についてのものであり、現代野球においてデータ活用は必要不可欠な状況となっていることは間違いないだろう。

データ分析、トレーニングの進歩によるプラスは選手に対してだけではない。このような分野に対する人材の必要性が高まることによって、野球界に新たな市場が生まれているのだ。ＮＰＢの球団もアナリストやバイオメカニストを採用するのが一般的になり、プレーヤーとしての経験がなくても〝プロ〟として選手のパフォーマンス向上に関わる役割の人間は年々増えている。これはアマチュア野球も同様で、社会人や大学の野球部にもアナリスト職を設けているケースは多い。

しかし一方で高校野球では試合中に動画撮影や、データを取得する行為を禁止している例があるのも確かだ。理由としてはそういう人員を持てるチームと持てないチームがあり、不公平が生じるからということだが、時代に逆行している印象は否めない。もっと広くデータ活用などが浸透していくことで選手以外でも野球を職業にできる人間は増えるはずだ。この点においてもＮＰＢがリーダーシップをとって、アマチュア球界も含めて市場を広げていく役割を担うことを期待したい。

巻末特集
スペシャル対談

西尾典文×赤星憲広

ドラフトがもっと面白くなる話

赤星憲広

［あかほし・のりひろ］　1976年生まれ、愛知県出身。2000年度ドラフト4位で阪神に入団。俊足を生かした全力プレーで不動のレギュラーとして活躍した。現在はプロ野球解説者として各種メディアに出演している。

宗山塁は日本ハムに行くべきだった⁉

西尾　今日はよろしくお願いします。早速ですが、２０２４ドラフトの全体的な印象から教えてください。

赤星　どの球団も自分のチームの弱点を補いつつ、将来を見据えた補強がしっかりできたという印象を持っています。例年だと「どうして?」と疑問に思うような指名をする球団が一つや二つはあるものですが、２０２４ドラフトに関しては、それはなかったです。

西尾　最近でも同じポジションの選手を何人か指名した球団がありましたね。どことは言いませんが……。

赤星　「なんでこんなにショートばかり取るの?」と意図のわからないチームがありましたね（笑）。それと比べれば、どの球団もチームの方針がしっかり分かるドラフトだったと思います。

西尾　では、個別に聞いていきましょうか。赤星さんの目から見て最も評価できる球団はどこですか?

赤星　個人的にはオリックスが好きです。西川史礁は外しましたが、１位で麦谷祐介が取れましたからね。私の中では彼が外野手ではナンバーワン。２０２３ドラフトで阪神、広

赤星憲広×西尾典文
ドラフトがもっと面白くなる話

島からそれぞれ1位で指名された下村海翔、常廣羽也斗から全国の舞台で反対方向にホームランを打っていて、非常に良いバッターだと思っています。

西尾 麦谷のことは高校時代から見ています。足は速かったですが、ホームランを打つタイプではなかったですよ。

赤星 オリックスは下位で社会人出身の即戦力候補を指名していて、全体的にバランスの良さを感じています。バランスという意味ではソフトバンクも良いですね。1位の村上泰斗や4位の宇野真仁朗など将来性を見越して指名をしたという印象です。

西尾 ソフトバンクの選手層の厚さを考えれば、将来性重視というのは頷けます。将来性と即戦力のバランスで考えると、西武の指名は面白いですよね。1位でポスト源田として将来性豊かな齋藤大翔に行って、2位で即戦力の大砲候補の渡部聖弥を指名しています。

赤星 渡部を2位で取れたのは大きいですね。昨シーズンの西武は打てずに苦しみましたからね。彼の出番は多くなると思います。

西尾 西武は指名順を上手に活用しましたよね。1位で指名されてもおかしくない渡部が2位で取れましたから。本人は「なんで俺が2位なんだ」と悔しかったと思いますよ。それをプレーにぶつけてもらいたいですね。

赤星 指名順位によって契約金は変わりますからね。当然、順位が上の方が高くなります。

西武はうまく節約できたのでは。

西尾　昨シーズン大躍進の日本ハムはいかがですか？

赤星　若い選手が育ってきていますし、完全に将来性を見据えたドラフトになりましたね。1位に柴田獅子、2位で藤田琉生と上位で高校生を指名しているところからも、チームの方針がうかがえます。柴田は日本ハムではなく西武に指名してほしかったのですが……。

西尾　「獅子」と書いてレオと読みますからね。ロッテはどうですか？

赤星　抽選で西川史礁が取れたのは大きいと思います。2位でも野手を取ったのは少し驚きましたが……。佐々木朗希が抜けることを考えると、ロッテは投手にいくのかなとも思っていました。

西尾　3位から5位まで投手を取ったので、そこでバランスを取ったのかもしれませんね。パ・リーグ最後は楽天です。なんと言っても5球団競合の末、野手ナンバーワン評価の宗山塁を1位で獲得しました。

赤星　宗山が取れたということだけで大成功だと言えるのでは。彼の守備は間違いなくプロで通用すると思います。

西尾　楽天は村林一輝をどうするつもりなんでしょう？　昨シーズンは139試合に出場するなど、ショートのレギュラーを掴んだと思ったのですが……。

赤星　こんなことを言うと楽天ファンの方からお叱りを受けてしまうかもしれませんが、宗山は楽天以外の球団に行ってほしかったというのが本音です。その理由は、我慢して選手を使う球団ではないと思っているからです。何せ1年で監督が変えられてしまいますからね。我慢して使っていたら、自分のクビが飛んでしまいます。だったら「結果を残せる選手を使おう」ってなりますよね。

西尾　なるほど。どんな名選手でも打つ方は好不調の波がありますからね。不調の時に首脳陣がどこまで我慢できるかにかかっているのですね。

赤星　仮に打率が2割にも満たないような成績だったら使えないですよ。それでも（三木谷）オーナーが「使い続けなさい」と指示を出すのもおかしな話。そんなことになれば、前向きな使い方ではなくなってしまいます。

西尾　確かにその通りですね。では、宗山はどの球団に行くのが良かったと、赤星さんはお考えですか？

赤星　指名した5球団の中なら日本ハムかな。一番出番がありそうなので。ソフトバンクと西武にはそれぞれ今宮、源田という不動のショートがいますからね。セカンドに回されてしまう可能性もあったと思います。

西尾　ポジション被りで言うと広島もですよね。カープの関係者の話だと、もし宗山が取れたら彼をショートにして矢野をセンターにコンバートするという構想もあったようです。
赤星　セカンドには菊池がいますしね。秋山をレフトに回してセンターラインを固める考えは分かりますが、矢野の守備力を考えるとセンターにするのはもったいないと思ってしまいます。

金丸夢斗は中日でなければ15勝はできる!?

西尾　広島の話題が出たので、ここからはセリーグを見ていきましょう。広島は宗山を外して佐々木泰に行きました。
赤星　宗山と同じ広陵高校出身の渡部に行くかと思っていたので意外でした。
西尾　佐々木か渡部がどちらかで迷ったようでしたが、「佐々木の方が長打力がある」との判断だったようです。チーム事情を考えると頷ける指名でした。日本一になったDeNAはどうでしょうか?
赤星　2024ドラフトで一番意外だったのがDeNAです。金丸夢斗を外したとはいえ、竹田祐に行くとは思っていなかったです。2位に篠木健太郎が残っていたことにも驚きましたが……。

巻末特集 スペシャル対談

赤星憲広×西尾典文

ドラフトがもっと面白くなる話

西尾　ＤｅＮＡの投手編成にも言いたいことがあるんですよね。

赤星　そうなんです。現役ドラフトで上茶谷大河を出したのに続き、浜口遥大もトレードで出してしまったことの意味が分かりません。２人とも先発でも中継ぎもできる貴重な戦力ですからね。ＤｅＮＡは投手が足りなくなるのではと心配しています。

西尾　浜口の代わりにやってくるのが内野手の三森大貴ですからね。大和が引退したとはいえ、内野手は足りているという印象です。

赤星　三森は内野も外野もできていると助かる選手ですが、レギュラーではなくバックアップになると思います。ある程度計算の立つ投手を出してまで取る必要があったのかは疑問ですね。

西尾　宗山、金丸、西川に各球団の指名が集中する中、ヤクルトは中村優斗の一本釣りに成功しました。

赤星　チームにとっても中村本人にとっても良いドラフトになったのでは。一番良い球団に指名されたと思っています。

西尾　中村に関しては、フィールディングを不安視する声も聞こえましたが……。

赤星　それでも投げるボールは素晴らしいですよね。ヤクルトの投手事情を考えると、我慢して使ってもらえると思います。1年目からフル回転するのではないでしょうか。

西尾　このオフに大型補強をした巨人にはどんな印象をお持ちですか？

赤星　2位指名の浦田俊輔はスピードがあって良い選手です。間違いなく使えますよ。

西尾　2022ドラフトの門脇誠、2023ドラフトの泉口友汰に続き3年連続でショートを取ったことになりますが、それでも指名した理由は何でしょう？

赤星　昨年のクライマックスシリーズ（CS）でセカンドのレギュラーの吉川尚輝が欠場したことが大きかったのだと思います。彼の穴を埋められなかったことも敗因の一つに挙げられます。そこで二遊間を守れる選手がもう一人欲しいとなったのではないでしょうか。浦田はスピードがありますし、コンスタントに出場したら、盗塁王をとってもおかしくない選手だと思っています。

西尾　２０２４ドラフトナンバーワン投手の金丸は3年連続最下位の中日が指名権を勝ち取りました。私がアマチュア野球の取材を始めて20年以上になりますが、間違いなくナンバーワン。球は速くてコントロールも良い。悪いところを見つけることが難しいです。

赤星　西尾さんがすごく褒めていたので、私も実際に何度か球場で見させてもらいました。大学生の打者がまっすぐだって分かっていても、バットに当てることさえできない。それぐらいすごいボールを投げていました。大袈裟ではなく歴史に残る投手になるのではないかと思っています。

西尾　腰の状態が心配されましたが大丈夫なようです。1年目は何勝ぐらいできると予想しますか？

赤星　少し控えめに言って2桁に届くか届かないかのところではないでしょうか。ドラゴンズファンは怒らずに聞いてほしいのですが、ドラゴンズの打線じゃなかったら15勝はできるといえますよ。ドラゴンズ打線には奮起してほしいですね。

西尾　最後に古巣の阪神の印象をお聞かせください。独立リーグの選手を数多く指名するなど、独自路線となりました。

赤星　何よりも今朝丸裕喜を取れたのが大きいですね。春のセンバツで投げているのを見てから「将来性豊かで、これからの野球界を背負って立つ投手になる」と非常に大きな期待をかけていたので、古巣の阪神が取ってくれたことが嬉しかったです。地元の選手だし、間違いなく人気が出るでしょうね。先発もリリーフも投手陣が充実している今だからこそ、将来性のある投手が指名することがこれからのタイガースにとって必要なことだと思っていたので、本当に良かったと思っています。

各球団の4位指名には好選手がズラリ

西尾　赤星さんは２０００年のドラフト４位で阪神に指名され、入団後は５回も盗塁王を獲得するなど阪神のリードオフマンとして活躍されました。赤星さんのように下位指名の選手が活躍するのもドラフトの楽しみの一つだと思いますが、２０２４ドラフトの下位指名で気になる選手がいたら教えてください。

赤星　４位で指名されたので、毎年各球団の４位指名の選手は注目して見ています。結構いい選手が揃っていますよ。その中でも私のイチオシはヤクルトの田中陽翔。打って守れる大型ショートです。右に大きいのが打てる選手でいい選手だなと思っています。私の好きなタイプの選手ですね。

西尾 田中と同じショートの宇野真仁朗はソフトバンクに4位指名されました。

赤星 下でみっちりと鍛えて、何年後かにショートのレギュラーが取れる選手に成長してほしいと思います。高校生だと、ロッテが指名した坂井遼は良い投手ですね。球も速いし、コントロールも良くて、私の好きなタイプの投手です。

西尾 投手を始めたのが高校に入ってからですからね。まだまだ伸びしろのある投手だと思います。阪神は町田隼乙、中日は石伊雄太、オリックスは山中稜真と4位で即戦力候補の捕手を指名しました。

赤星 阪神の町田は面白いと思って見ています。阪神は梅野隆太郎と坂本誠志郎の2人を併用していますが、昨シーズンは2人ともそんなに良くなかったです。今シーズンもそんな感じが続くようなら十分に町田がレギュラー争いに割って入る可能性はあるのではないかと思っています。中日の石伊は肩も強いですし、守備力だけなら十分にレギュラーとしてやっていけそうです。

西尾 難点はバッティングでしたが、社会人になって力が付いてきましたね。福留孝介さんが日本生命の特別コーチとして指導するようになってから、ずいぶん打てるようになりました。守備がしっかりしていますし、早くから一軍の試合で使われるのではないかと思います。

赤星　山中はバッティングの良い選手です。打撃に期待して取ったので捕手としての起用はないかもしれません。

西尾　こうやって見てみると、確かに4位は面白い選手が揃っていますね。赤星さんは2001年に新人王を獲得していますが、同じ年にパリーグの新人王を取った三瀬幸司さんも4位指名だったんですよね。

赤星　思い入れが強いだけに、4位指名の選手には特に活躍してほしいですね。期待しています。

西尾　ところで、ヤクルトの田中やロッテの坂井が好きなタイプだとおっしゃっていましたが、赤星さんの好きな選手の基準があったら教えてください。

赤星　まず投手であれば、プロで活躍するにはコントロールが良くないと無理だというのが私の持論なので、コントロールの良い投手が好きですね。いくら速くてもストライクが入らなければピッチングになりませんから。それだけコントロールが大事だってことです。ストレートはもちろん、変化球もしっかりコントロールできる投手は好きですね。先程名前を挙げた坂井や阪神2位の今朝丸が好きな理由はコントロールが良いからです。

西尾　最近は高校生でも150キロを超えるストレートを投げるのが当たり前になってきていますからね。どうしてもスピードに目が行きがちですが、そうではないと言うことですね。打者の好きなポイントはどこですか？

赤星 まず、引っ張り一辺倒の打者は好きじゃないです。反対方向に打てる選手が好きですね。それから選球眼も大切。四球の取れる選手が良い選手だと思っています。点を取るためには、塁に出なければなりません。打率は高いに越したことはないのですが、それよりも四球が選べて出塁率の高い選手の方がチームに取ってはより重要になると思っています。私が監督で打順を組むとしたら、出塁率の高い選手から並べていきますよ。

西尾 現役時代に野村克也監督から「出塁率を上げろ」とアドバイスをされていた赤星さんならではの観点ですね。守備で好きなのはどんな選手ですか？

赤星 送球に安定感のある選手ですね。打球を取るのは練習をすればするほど上手になりますが、送球は練習をしても上手にならないんですよ。これはもう天性のものなので。投手と同じで送球もコントロールが大切です。特に捕手。鉄砲肩と呼ばれるような捕手でも、コントロールが悪ければ盗塁したランナーをアウトにすることはできません。多少肩は弱くてもコントロールの良い捕手の方が、絶対にアウトにできる確率は上がります。投手も野手も、こと投げることに関してもスピードよりもコントロールの方が大切だと言うことです。逆に質問ですが、西尾さんはアマチュアの選手を見る時、何をポイントにしていますか？

西尾　特に高校生は伸びしろを見るようにしています。赤星さんの大好きな今朝丸を例に出すと、彼はまだ高校生なので体はまだできていません。それなのに150キロを超えるストレートを投げ、コントロールも良いわけです。プロに入ってしっかり体を鍛えたら「もっとすごいボールを投げるのでは」とワクワクします。そんなことを想像しながら見るのが好きですね。それで言うと佐々木朗希が高校生の時のワクワク感は半端なかったです。ヒョロッとした体からものすごいボールを投げていましたから。「体が出来上がったらとんでもない投手になる」という期待感がありました。

赤星　そうしたダイヤの原石を探して全国各地を飛び回っているわけですね。

プロで活躍できるのは、自ら考え動ける人

西尾　素質だけではなく、性格的なものも含めて、どんな選手がプロで大成できると思いますか？

赤星　活躍できるのは頭の良い選手です。ここで言う頭の良いとは学校の成績ではありません。自分の考えをしっかりと持っているかどうかということです。

西尾　具体的に言うと誰ですか？

赤星　真っ先に思いつくのは金本知憲さんですね。広島にいた頃は「やらされた」と言ってましたけど、だからこそ「力が付いたし、何をしなければならないかが分かった」と話していました。試行錯誤の末に「自分にマッチする練習方法を見つけた」と。それは素振りのことなんですけど、時間を作ってはひたすら素振りばかりしていましたね。

西尾　金本さんが一心に素振りをしている光景は目に浮かぶようです。他にいますか？

赤星　鳥谷敬も自分の考えを持った選手でした。早稲田大学からドラフト1位で入団してきた当初は「全然大したことない」と思ってたんですけどね。レギュラーだった藤本敦士をセカンドに回して鳥谷をショートで使う意味が分からなかったですから。そんな鳥谷が人より長けていたのは、忍耐力。とにかく練習をよくしていました。当時の阪神に練習量で鳥谷に勝てる選手はいなかったはずです。練習をするから守備も打撃もどんどん上手に

なっていきましたね。そんな姿を見せられたら、誰も文句は言えません。自分に何が足りないかを考え、真摯に練習に取り組んだからこそ、鳥谷はあそこまでの選手になったのだと思います。

西尾　ドラフトの話に戻りますが、赤星さんはドラフト当日にどんな風に過ごしていましたか？

赤星　会社（JR東日本）で社長と野球部の監督と3人で指名を待っていました。今みたいにネットで最後まで中継されることもなかったので、監督の電話が鳴るのをひたすら待っていましたね。ドラフトが始まって数時間後に監督の携帯電話が鳴ったんです。そしたら部屋を出て行ったきり戻ってこなくなってしまって……。全然戻ってこないのでどうしたんだろうと思っていたら「ただいま赤星選手が阪神タイガースに4位で指名されました」って社内放送が流れたんです。まずは本人に知らせてほしいと思いましたね（笑）。

西尾　ネットなどで最後まで中継している今なでは考えられない話ですね。

赤星　会場に観客が入るようになってからエンタメ化しましたよね。西尾さんのようにアマチュア球界に詳しい人が情報を発信するようになってドラフトそのものを楽しむ人が増えています。関心が広がることは野球界にとって良いですよね。

西尾　スポーツナビの野球チャンネルでドラフト候補番付や仮想ドラフトなど、さまざまな企画で赤星さんとご一緒させていただきました。

赤星 仮想ドラフトは楽しいですよね。私も西尾さんのおかげでアマチュア野球もよく見るようになりました。さすがに全てのドラフト候補選手を見るわけにはいかないので、まずは西尾さんにめぼしい選手を教えてもらってからチェックするようにしています。西尾さんに聞き齧ったことをさも自分が見てきたように話すこともあったりしますよ（笑）。

西尾 プロ野球ＯＢの方でアマチュア野球を見ている方はそんなにいないですからね。赤星さんはよく見てらっしゃると思いますよ。

赤星 亜細亜大学の先輩の井端（弘和）さんにはかないません。

西尾 ２０２５ドラフトの目玉の一人の芹澤大地は愛知県の無名の公立高校の投手ですが、彼の情報は井端さんに教えてもらいました。この話は井端さん本人から「ことある度に言うように」と言われているので、発表させてもらいました（笑）。

赤星 さすがは井端先輩ですね。先輩ほどではないにしても、いろいろな情報を入手して、実際に選手を見ておくと「あの選手はこのチームに入ったのか」などより身近に感じられて、よりドラフトが楽しめると思います。

西尾 これからもさまざまなメディアを通じて情報を発信していきたいと思います。今日は面白い話、ためになる話が聞けて楽しかったです。ありがとうございました。

ドラフトから見《み》る
プロ野球《やきゅう》12球団《きゅうだん》2025
第1刷　2025年2月26日

著者　西尾典文

デザイン　金井久幸＋松坂 健（TwoThree）

企画・編集　株式会社ネオパブリシティ（五藤正樹、鶴哲聡）

発行者　奥山 卓

発行　株式会社東京ニュース通信社
〒104-6224　東京都中央区晴海1-8-12
電話 03-6367-8023

発売　株式会社講談社
〒112-8001　東京都文京区音羽2-12-21
電話 03-5395-3606

印刷・製本　株式会社シナノ

ISBN 978-4-06-538992-8